コツケの学習

山岡言志

東京図書出版

コッケの学習
もくじ

一、大　人

「コッケ君、大人になったら何になる？」

「そんな事！　決まっとるワ、お父さんだガヤ!!　クソダワケガ！」

母の毎度の冷やかしに、決まってそう答えていたそうだ。「クソダワケ」は、会話の語尾に必ず入れる、言わば天白村に来てから直ぐ身に付いた私の口癖である。又、あだ名の「コッケ」は三歳年上の姉（由紀《ゆき》）が幼い頃、私の名前の言志（コトシ）を呼ぶときの舌足らずな言い方で「コッケ」と言っていた事がそのまま「あだ名」になったと聞く。因みに、二歳年下の弟、守正（モリマサ）は「モッケ」と呼ばれ、お陰で二人併せて「コッケ、モッケ、コケコッコ――」、とよくからかわれた。

此《こ》の時も、近所の小母《おば》さん達が洗濯する井戸端での事。「柴刈り」から帰って来たばかりの私に、母から早々のインタビュー。その返答も然《さ》る事ながら、威張った私のその言い草が小母《おば》さん達には大層受けたそうだ。

「お父さんになる！」、そのことだが……私は小学校四年生まで大人になったら何になりたいのか、その将来の職業を思った事は無いが、当然の様に稼ぐ事で家族を養っていく「それが大人だ！」、と思っていた。

さて、その時の「柴刈り」は小学三年生の同級生、コッケ（言志）、マサ（正男）、コウ坊（弘治）の三人。それぞれが家事当番であるが、共同作業で行っていた。只、「柴刈り」とは言っても、松の枯れ落ちた葉（「ご」）を熊手で掻き寄せ集め、その「ご」を枯枝《かれえだ》で挟《はさ》み込み縄で包《くる》める。それぞれに一束ずつ三束を作る。「ご」や枯枝はカマド、ストーブ、風呂釜の仕込み火。我家の主燃料の岩木（石炭になる前の埋もれた木）は、着火しにくく「ご」は岩木を燃やす為には欠かせない燃料。

又、三人の同級生は隣り同士。高台にある三軒並びの集合住宅で我家は奥から三軒目。その並びの敷地を挟んだ隣りが二軒長屋のマサ家《んち》。そこから一段下《さ》がった隣りの二軒長屋がコウ坊家《んち》。

コウ坊家《んち》は隣りの長女夫婦と共に、一家を挙げて岩木を掘っていた。浦山を越えて行く仕事場までは子供の脚《あし》で二十分程である。我々三人には、鉱内での手伝いは無いが、入口に散らばる岩木の欠片を小さな熊手で掻《か》き集めて大きな籠に収める。ご褒美には、鉱内の探検もあるが多少の岩木が渡される。御蔭で、我家の主燃料は「薪《まき》」から「岩木」となる。こうして「ご」集めが、私の初めての家事当番となった。

当時の日本経済は朝鮮戦争の特需等、戦後復興期の真っ只中、とは言えまだまだ多くの国民は食べる事でやっと。土地さえあれば野菜等、自給自足の日々が続く。七人兄妹の公務員家庭の我家がその例外にあるはずもなく、畑を借り、サツマイモ・大根・白菜・夏野菜等を栽培。又、我家の前の空地に建てた小屋では、鶏《にわとり》二十羽・山羊《やぎ》一頭を飼育。これらの仕事や台所・掃除・洗濯・風呂・買物等の家事は、兄や三人の姉達の当番制だが、三年生になったばかりの私にはまだ当番はない。只、母からは畑の草取り、兄からは鶏小屋等の掃除、姉達からは井戸からの風呂や台所の水運び等、手伝いの要請は多いが毎日外に稼ぎに行く私には、到底応じる事が出来ない。

何時もの様に学校から帰り昼食を済ますと、私は直ぐにマサやコウ坊に連《つ》いて春の野山の探索、「山菜取り」に出掛ける。この日は途中で蜂の巣を発見!! どうやらコウ坊は蜂の子を取るつもりでいる。青白で痩《や》せぽっちのずいぶん小さなコウ坊だが、彼は娑婆《しゃば》の智者。その話では、長い棒の一撃で巣を叩き落とし一旦《いったん》逃げる、暫くすれば落ちた巣には蜂は寄り付かず、刺される事なく巣を拾う事が出来るとの事。そこで早速、私は「叩き落とし役」を買って出た。

ところが、巣を目掛けて棒を振りかざした途端! その気配を察し、既に警戒態勢に入っていた蜂が、一斉に襲い掛かって来た。慌てて棒を捨て両手で振り払ったが、一瞬の遅れに手を刺されてしまった。

「小便！　ちゃっと（早く）掛け!!」

逃げる背後からコウ坊の大声、私は迷うことなくその指示に従った。素早い処置の所為であろう……少しの腫れで済んだ。しかし、その騒ぎに蜂は益々殺気立つ。

「今日はあらすか（無し）」

コウ坊の判断に巣落としを断念、巣の位置に目印を立て引き揚げることにした。後日、この春中学生になったコウ坊の兄、ショウ坊（正二）に助けを借り、巣落としを果たす。蜂の子は、そのままフライパンで炒めて食べたが本に香《こう》ばしく、噛めば甘く珍味である。

　春の野山での山菜、土筆《つくし》・芹《せり》・蕨《わらび》・独活《うど》・蕗《ふき》の薹《とう》・薇《ぜんまい》等、その収穫は我家の食卓に上る私の「稼ぎ」である。やがて、「野山の採取業」から、私の仕事は小川や池、田んぼでの「漁業」へと広がっていく。

　川や溜《た》め池での仕掛け、その高度な漁法では、ショウ坊の同級生タツ（龍男）に連《つ》いて行《おこな》う。その中でも一番ダイナミックな漁法が池の水を抜く「カイボリ」同様に、小川の深い淵《せ》の水抜き……廻りの浅瀬に川の流れを逃がしながら、石や稲の残り株などで淵《せ》を囲い流れを止め、そのままバケツで水を掻き出し手掴みで魚を捕る。漁業の収穫は、鯉《こい》・鮒《ふな》・鰻《うなぎ》・鯰《なまず》・雷魚《らいぎょ》・泥《ど》鰌《じょう》・食用蛙・ザリガニ・蜆《しじみ》・タニシ等、多種にわたる。鯉や鰻などは、タツの小父《おじ》さんが捌《さば》いたものを分けて貰うが、その粗《あら》なども鶏の餌として持たせてくれる。又、学校帰りの道連れ、農家のヤマ（山田登）とは、そのまま畑仕事の手伝いになる。野菜等、その褒美も私の「稼ぎ」である。

龍男はこの春中学生になったばかりで、まだギリギリではあるがこの近所の餓鬼大将。そんな彼を我々子分も「タツ」と呼んでいる。彼の一番の自慢は大型の砂利トラック。洗車の手伝いの褒美に、トラックに乗せて貰うのも私の楽しみである。

「稼ぎ」の極め付きは、タツに付いての鉄・銅《あか》・真鍮《しんちゅう》等の鉄クズ集め、それにゴルフ場でのロストボール探し。この現金収入は家族にも内緒である。

さて、今日の「カイボリ」の収穫、ウナギなどで大漁である。その得意満々の私に、母からの掛け声が飛ぶ。

「ヨウ！　一家の大黒柱!!」

一、大人

小学二年生が終わる春休み。豊川の国立大学の附属高校の職員寮から引っ越して来た、ここ天白村は、正《まさ》に「婆婆」である。私は、孵《かえ》って直ぐの雛（ヒヨコ）が地面の餌を自《みずか》ら探し啄《ついば》むが如く、直ちにこの村に染まっていった。

二、教育問題

「何を勉強してきたことやら！　近頃の大学生は……それにしても、どうなってしまったのか！　最近の大学の教育は！」

大卒とは名ばかりの最近の大学生、そんな世間の評判を大学教育の所為《せい》にして、コッケ（言志）はそのまま義兄《あに》にぶつけていた。天白村の引っ越しから三十年後、酒の席でのことである。

学歴への拘《こだわ》りとは裏腹に、「学校教育」には殆ど興味のない私が大学教育をこの席で話題に持ち出したのも、大卒十八名の採用に我社の発展振りをそれとなく自慢がしたい故の魂胆である。

我社は十二年前、学生仲間五人で設立したコンピュータのソフトウェア会社だが、去年の四月には「超」が付く求人難にもかかわらず、四十二名の新入社員を採用（内大卒が十八名）。その入社試験は筆紙《ひっし》と面接になるが、ペーパーでは高校・専門学校・大学とプログラマーの適性検査のみ。大卒には卒業論文のテーマを聞くくらいで、求人難の折、その面接の大半が逆に我社の将来性のアピールに割《さ》かれる。こんな具合で、全くもって大卒の学力を私が知る由《よし》も無く関心もないことなのだが……。

「確かに！　上辺《うわべ》だけの知識で、その基礎的な事すら理解されておらず、高校の復習から始めないと、講義に付いていけない学生が多くて、先生方も困っているよ！」

義兄《あに》は私の問い掛けには直接答えず、大学生の学力の低さを嘆くと、酒の勢いにまかせその口調を一段と高めていく。

「ところで、学問どころか最近の大学の課題は、如何に就職させるかなんだ！　その為卒業は心太式《ところてん》で敢《あ》えて単位を取らすこと！」

一流企業への就職、あるいは就職率といった大学教育の成果主義。義兄《あに》は、充分な学門・研究を許さない最近の大学を取り巻く環境を大いに愚痴り、その矛《ほこ》先は日本の教育改革に及ぶ。


義兄は、地方の国立大学の教授である。

地方とは言え、当社に入社する私大の学生に比べれば高い偏差値を有する国立大学。その学力の無さを私は意外な思いで聞いていた。それも激しさを増す受験競争に益々盛んになる進学塾、より受験勉強は強化されているはずだが何故、「学力低下」が大学で問題になるのか？

「教育改革の是非は兎《と》に角、大学に進むのであれば、基礎的な知識の理解力・応用力だけでも高校で付けてもらわないと！」

義兄《あに》は「学力問題」に話題を戻すと、早速に高校教師であった姉にその問題を振った。長女で私より八歳年上の姉、一富美《ひふみ》は義兄の嫁である。それに二人は大学の同級生でもある。姉は夫の地方転勤に合わせ、名古屋市の私立女子大学の付属高校を昨年九月に退職したばかり。在任中は「理科」と「数学」を教えていた。

「文系の大学の付属高校だから、公立や理数系の大学を目指す生徒は少ないが優秀であり、特に大学入試問題を中心に教えてきた。一、二年生では普通科目で、中学校の数学や理科の復習程度。只、学力以前の問題と言うか、大学進学に関係ない科目でもあり、生徒の関心も全く無く……そんな科目を生徒達に勉強させる意味がどこにあるのか！　考えてしまう」

「それに、高校でも進級や卒業は出席日数だけの問題であり、学力に及んでは追試、追試、最終的には簡単な出題を前日に教えるなどして、合格点を無理矢理とらせる事にしているからね」

姉も義兄同様、学力が伴われない心太式《ところてんしき》の卒業を嘆《なげ》く。

「そんなことではない！　問題は暗記主体の入試の為の学習だよ！　本来学力は理解力、応用力の問題なんだよ!!」

ぶっきらぼうに義兄は姉に言い返すが、どうやら「学力問題」は、「勉強しない子・出来ない子」の問題だけではなく、受験の為の学習塾の問題でもなく、「理解力・応用力」が育たない学校教育での「学び方」に問題がある様だ。

「中学校はあんばよう（具合よく）退学させる事ができへんで……」

公立中学校の教師、私と同学年の義弟《おとうと》がいきなり口を挟んできた。それも去年まで「偏差値教育では、父兄からの強い突き上げにもあって力を入れている」、と話していただけに、義兄の入試の為の学習批判から逃げたかったのであろう、急に話題を変えてきた。

「中学校はどえりゃあ荒れていて、勉強どころか……」

そう話し出す義弟によると、暴力団をバックに脅迫する中学生、授業中に集団で襲いかかる中学生。先生に対しても「そこまでやるか！」、と驚く程の中学校の荒れ振りに、「学力問題」などぶっ飛んでしまう。それにしても「前門の受験戦争、後門の少年非行」、と中学校の先生方は大変の様だ。

「少なくとも、先生方への暴力を無くす為にも、体力的なことを考えれば、小学校の内に厳しい躾《しつけ》があればなあ――」

ここからは「教育問題」は、「学力問題」から「躾問題」へと移る。そして、「鉄は熱いうちに打とうよ！」、とむしろ願う様に、この問題を小学校教師の妹に振った。矢張《やは》り、小中学校の教育は「教えて知恵をつけさせる」、そのこと以上に「導いて善良ならしめる」、そんな事になろうか。

末っ子で私より五歳年下の妹、千秋は義弟の嫁であり公立小学校の教師である。その夫からの嘆《なげ》きに「躾問題」の責任が、彼女の両肩に掛かってくる。だが既に、「教育問題」は小学校の問題でもある。特に「躾」に関しては、「子供を育てた経験が無い」など、教師の「未熟さ」が問題にされがちで、「教育目標」の「善良ならしむ子供の育成」を図るべきプロとしての教師の役割（職業）を思うに付け、世間の風当たりも強くなるばかりである。尚更、体罰等の力で押さえ込む躾などは、子供の人権や父兄の極端な我子贔屓《ひいき》が取り沙汰《ざた》される昨今、許されるはずもない。そんなことは百も承知している夫から言われた妹は、不貞腐れた様子で、黙り込んでしまった。つられて深刻な教育問題に、皆も口を閉ざす。

「学校教育」には無関心な私だが、その「教育」が身近なものとしてある。既に退職しているが、父は教育系大学の教授であり、結婚前の母も尋常小学校の教師であったと聞く。増してや兄姉弟妹に至っては、大学・高校・中学校・小学校と先生のフルコースが出来上がっている。正月ともなれば、二世帯住宅の一階の実家には姉妹達が集う。集まれば自然と「教育」が話題となる。

折しも一九八四年以降、中曽根内閣の諮問機関である臨時教育審議会の答申から始まる日本の教育改革は、「戦後教育（戦後の教育改革）の総決算」をめざす。同時に、一九八五年ユネスコ（国際連合教育科学文化機構）の「学習権宣言」では、「教育権」から「学習権」の移行において、教育の在り方の転換を宣言する。ところが、当時の学校教育では学力問題（学力低下）にとどまらず、少年犯罪や登校拒否、ひきこもり、いじめ、学級崩壊等の問題が表面化、その要因を巡る悪者《わるもの》探しに日本中が沸《わ》き返っていた。

「兄貴、あんたは一体、自分の子供にどんな躾をしとる、と言うガネ‼」

沈黙を破る大声に後ろを振り向くと、お年玉を頂くまでの行儀は何処へやら、子供達三人は何時の間にか座敷を離れ居間のソファーに移動、座ったまま黙々と、三つ巴の蹴り合いが始まり、末の娘などは今にも泣き出しそう。その三人は共に小学生、六年生の長男、四年生の次男、三年生の長女……確かに妹（先生）の言う通り「親の顔が見てみたい！」、とはこのこと。

結局、「教育問題」は親として父兄の私に返ってきた。この展開に、最近の大学生に対する冒頭の批判が蘇《よみがえ》ると同時に、私自身の大学生活が思い出され「近頃の大学生は……と、よくもまあ！　あんな事が言えたもんだ‼」、と己に呆《あき》れる羽目に、この形勢だと、直ぐにでも姉達からそのことで攻撃される。その前に子供達を叱る口実に二階へ引き揚げ、そのまま酒のお蔭で寝てしまったが、さぞかし一階では母や姉達、私を酒の肴《さかな》に盛り上がった事であろう。

私を叱った妹は、小学校の教師が天職に思えたが、五年生担当クラスでの「いじめ事件」の対応が父兄会で問題になり、その騒ぎで彼女はノイローゼとなり休職、そのまま退職する。

「智をつけさせ善良ならしめる者」即ち「教育者」、その「仰《あお》げば尊《とうと》し、我師の恩――」、卒業式の定番『蛍の光』で然《しか》り、学校の先生が教育者として敬《うやま》われたのは何時のことやら。私は、そんな昔からの教育一家でありながら、寧《むし》ろ教育には無頓着で居《い》た。

今日、「一流大学から一流企業へ――」、「教育」を「投資」と考える資本主義経済での学歴社会にあっては、学歴差を覚える教師は多いと聞く。私としても学校の教師を一般職として考えており、小学校は単に妹の就職先であり、楽しく子供達と付き合う自然な姿勢に、その天職を覚えることがあっても、彼女を「善良ならしめる者」、即ち「教育者」と思う事はない。一方「知恵をつけさせ」即ち「教科書の内容を教える」事では、妹は「幾等《いくら》工夫して教えても、出来ない子も居れば、教えなくても出来る子は出来る」、と子供の「知恵のつけ具合」の個々様々に「一斉教育」による「学校教育」での限界を嘆《なげ》く。

又、個人主義・自由主義の学歴社会にあって学校教育は、学業の成績を競わせる場所、即ち入試の為の偏差値教育の場と私は思っている。そして、子供を塾に通わせ勉強をさせるのは高学歴を願う親の責任であり、そうした子供の「成績」や「素行」の悪さは家庭の問題と、「教育問題」には頗《すこぶ》る無関心でいた。それに「学力低下」や「学習離れ」、あるいは少年犯罪、登校拒否・ひきこもり・自殺、いじめ・暴力及び学級破壊等、こうした問題に子供の時の自身を振り返れば大方が私の事である。しかし、そうした問題が担任の先生方の道徳教育や躾、あるいは生活指導といった「訓育」(児童生徒の品性を高める教育)の出来具合と関係がある、とは到底思えない……と言うよりは、こうした私の非行は先生方とは関わりのない事で……それなのに何故？　「教育問題」といわれるのか。

一般的に「教育」は、諸個人が社会に参加していく態度や力量を育てる事、と理解されている。それに、「学校教育」が文字や社会のきまり・生活技術等の普及・共同生活での規範等、社会を維持する為には不可欠な機能であることも周知の事実である。そして、「教育」を私的個人の自由の発展の為とする個人主義・自由主義の日本、その憲法では全ての子供に教育を受ける権利が保障される。こうした「教育観」に於いては、「教育目的」に非《あら》ざる子供の様々な問題が教育過程中での問題、即ち「教育問題」として、その対策が「学校教育」に求められる。しかし、その対応の良し悪しが、世間的には教師の力量として問われているが、「教科指導」や「生活指導」等、そうした小学一年生（6歳）からの「教育」にもかかわらず、高学年になればなるほど「教育問題」が深刻さを増す現況を考えるに、例えば「いじめっ子」になった五年生を「親切な子」に育てるにはどの様な対応（教育）をすれば良いのか？　あるいは「いじめっ子」にしない為の教育とは？　それに「学習離れ」や「学力低下」等を防ぐ教育とは？

……そんな疑問に、私は小学校の頃を思い返していた。

三、一人旅

「名古屋の直ぐ隣りだよ！」

姉達からそう聞かされていた我家の引っ越し先、大都会が近いことで私はすっかり興奮していた。

小学二年の春休み。父の転勤で豊川（愛知県豊川市）から天白村（愛知県愛知郡天白村）へ引っ越すことになった。又、国立大学の附属高校から大阪の教育系の大学へ、父は大阪に単身赴任となる。

引っ越しの後片付けに残った母と共に、私達チビッ子三人は、荷物に埋もれる様にして三輪トラックに乗り込んだ。もう日は陰り始めている。

引っ越し先に到着した頃には、夜も更《ふ》け辺りは真《ま》っ暗である。荷が降ろされる最中《さなか》、チビッ子三人はトラックから降り、そのまま隣の家で風呂《ふろ》を貰《もら》い、雑魚寝《ざこね》の床につく。ところが「次の朝一番で名古屋を見に行く」、と決めていた私は期待に胸を膨らませ、寝付けぬ夜を過ごしていた。

「都会」を思うに……これまで「繁華街」には歩いて一時間程、兄に連れられてよく映画を見に行く豊川稲荷。それに、電車で母と買物に行く、屋上が遊園地になっているデパートがあり路面電車が走る豊橋の駅前。只、所詮《しょせん》は豊川も豊橋も田舎町、ニュース映画で見るニューヨーク等の大都会には程遠い。この夜は、聳《そび》え立つビル群の谷間、その大きなショーウインドウの街並みを頻繁に走る自動車や路面電車、私はそんな大都会の名古屋に思いを馳《は》せる。

目が覚める。既に、母親達は引っ越しの片付けに追われている様子、まだチビの二人は寝ている。私は起き上がると直ぐ、隣り部屋のお盆に置かれたお握りと味噌汁で一人勝手に朝食を済ますと、誰にも気付かれない様に裏の勝手口から隣りの家との間を抜けて、玄関口の通路に出る。

奥の山林から通るこの道（小道《こみち》）には、同じ造りの家が三軒、その三軒目の我家からは二間程隔てて一軒、一段下って一軒と、二軒の長屋が並んでいる。その二軒目からは坂道となり二十メートル程下ると崖の上の踊り場に出る。ここから小道は、左側へほぼ直角に高台の崖に沿って曲り、崖下の畑を挟《はさ》んで平行に通る大きな道（大道）を眼下に次第に勾配を下げ、やがて崖から続く板塀を過ごすと大道の出入口。其処は多少の広場になっており、その右側は畑、奥には板塀に続く門、左側には大道に沿って二軒の平屋が並ぶ。

さて、昨夜の三輪トラックが上る感覚を頼りに小道は下ってきたものの、この大道《おおみち》の左右、どちらの方角が名古屋なのか？　私には知る由《よし》もない。右方向……遠方の上り坂は山林の中へと消えていく。左方向は、畑や蓮華の田んぼが前方に拡がり見通しがきく。やがて、右方向から三輪トラックがこちらに向かって走り、間もなく通り過ぎて行く。私は誘われる様にその後を歩き出した。

歩きながら、前方を見渡す限りでは、丘陵や山林に囲まれた緑の田畑は広く、遠くの丘《おか》には農家らしき建物がちらほらと、六軒程。やがて、引っ越し先を確かめる為に左後方を振り返れば、丘陵の麓（坂下）、田んぼの岸辺の奥には門の中の屋敷であろう……松等《など》の透き間からは、並んで二階建てが二軒、その向こうの並びに大きな長屋も見受けられる。この上（坂上）が我家だ。

「随分と、田舎だ！」、そう思えるのも昨日までの豊川とのこと。附属高校の敷地には何棟もの二階建ての校舎が並び、大きな運動場を囲んで体育館や図書館、その周りには教職員の官舎や寮が並ぶ。そんな豊川とは比べ様もないのだが……しかし、峠に差し掛かれば、その遠方に忽然《こつぜん》と現れるビル群と背景の山々とのコントラスト、この緑の風景は、そんな名古屋を想像するには充分である。

足元の道は、辺りの田畑より一段と高く真っ直ぐに通る。しかし、剝《む》き出したままの赤土に粗い砂利が浅く敷かれているだけで、タイヤの跡が残る凸凹道、それに路肩の所々では電線工事。暫くは、足元に注意をしながら歩く。しかし早朝だからか？　三輪トラック以来、人や車の通りもなく静かな旅立ちとなる。

上り坂に差し掛かる。その左前方には森が迫り、右前方は次第に崖を高くして田畑が崖下に広がる。進むにつれ森が覆《おお》う崖と雑草の土手に狭まれながら、尚も勾配を上げる。私は、その坂を一気に駆け上がった。

頂上からは、ゆるやかな下り坂。道の両側には家が疎《まば》らに並び始め、次第にその間隔を狭めながら、やがて軒で埋める。ここから一気に駆け下り、下り切って交差点に出た。その前方には、右側から大きくカーブを切る街道の舗装された町並みが、ゆるやかに右に弧を描《えが》きながら伸びていく。

「随分《ずいぶん》と、歩いたもんだ」、そう感じるのは「名古屋は近い」、という思いからであろう……そして「やっと来《こ》れた」、という思いに峠からの名古屋は消えこの町並みに安堵《あんど》感が広がる。

店々は、まだ閉まったままだがバスやトラック、三輪車が往来する。決して賑やかでは無い。只、豊川稲荷の繁華街を思い浮かべ「名古屋も、ここから段々と賑やかになっていく、ここは名古屋の入口」、と思い直しながら八百屋、薬局、本屋、駄菓子屋等、看板を一つ一つ確かめながら歩いた。町並みは次第に賑やかさを増す。街道の左側には大きな呉服店と金物屋、つづいて八百屋と魚屋等が軒を並べる。右側には酒屋等、四～五軒程の店、その先には一段と大きな店舗、二階の明かりに布団が浮かんで見える。

ゆるやかなカーブを右に描いてきた街道は、この辺りから道幅を膨《ふく》らませ二股に分かれる。その右はカーブなりに道幅を狭くして軒並が下り坂となって続く。私は、そのまま左側の広い道を軒並に続く高い黒塀に沿って進んだ。道路の右側は一段と低く、密集した家々の庇《ひさし》や屋根を覗かせる。やがて、黒塀を二十間程過《す》ごすと突然！　見晴らしが、何と！　前にも十倍程増して田園風景が広がっている。此処からは舗装も無いまま浅く敷かれた砂利の道が、真っ直ぐに延びていき、遠く土手まで届いている。土手はどこから来てどこに行くのか、広大な田園の中を蛇行しながら左右両側に、どこまでも続いている。

「ここは、まだ名古屋ではない！」、そう思い落胆したのも束の間、遠くに微かな橋の欄干を見つけると、何故か望みが繋がる。

「あの橋を渡ると、名古屋だ！」、「隣り」との境界となるものに「橋」を思いながら「橋の上から名古屋が見える」、と田園の彼方の山々、その裾野に遠く小さく聳《そび》えるビル群を思い浮かべていた。

大きなトラックや三輪車が、黒煙と共に砂埃《すなぼこり》を巻き上げながら猛スピードで往来する。時々バスにジープも走る。ここからは途中で拾った小枝で砂埃《すなぼこり》を払い除けながらの前進となる。近づく大きな橋、その坂道を一気に駆け上がり橋の上に——だが、私はガックリとその場に座り込んでしまった。猶《なお》も広がる田園とその向こうの山々、裾野《すその》には小さく家々が見えるだけ。ここからも真っ直ぐ延びる街道は、彼方の山々から半島の様に突き出た丘陵、その麓《ふもと》の集落まで届いている。「隣り」のはずが、長い道程にもかかわらず二度の裏切り。「あの山を越えれば……」、という気力も最早《もはや》失《う》せ「引き返そう」、と思ったその時！　ふっと疑問が「果たして、名古屋に向かって来たのであろうか？」。

此処に来て初めてその方向を疑うと、これまで名古屋に繋がるものが、何一つないことが気掛かりになり始めた。「そうだ！　あの麓の家々まで行けば、何か判るはずだ！」、と考え直すと再び気力が戻る。ここからは、名古屋方面を確かめる為の前進となる。

橋を下り一面の田畑を過《す》ごし、集落まで、其処から街道は急に道幅を狭め凸凹だが舗装に戻り、ゆるやかな上り坂となって軒を並べる。何を頼りに……それすら判らないまま看板等に手掛かりを求め、一軒ずつ軒先を確かめながら進むが、雑貨と食堂、駄菓子屋等で店は少なく、やがて町並みも跡絶えてしまう。

道路を広げているのだろう……此処《ここ》からは剥き出した赤土のままに道幅を倍程にして急な上り坂となる。その道端には取り残された瘤《こぶ》の様な工事中の小山が所々で不気味な姿を覗《のぞ》かせる。坂道は尚も勾配《こうばい》を上げながら、山を削ったのであろう……赤土に根っ子剥き出しの崖が、道路の両側を囲み始め次第に高く、やがて私の背丈の倍程に道路を覆《おお》う。

隠密の事故《こと》、人に尋《たず》ねることも出来ず、名古屋に繋がるもの・・、その漠然とした思いを引きずったまま町並みを過《す》ごしてしまった。しかし、スピードを落とし、間隔を縮めたまま追い越して行く自動車の列、反対車線に比べ、その車両の多さに何となく名古屋方面を感じていた。「この坂の上まで上れば、何か手掛かりがあるはず」、そう思いつつ、広めた道幅に急にスピードを上げる車列に誘われるままに、私は坂道を駆け出した。進むにつれ、次第に高くなる赤土の壁にやがて見通しは全く利かなくなる。

自動車の往来が絶えた束の間の静けさに、ふっと正面を見上げると、山林の崖が前方を塞ぐ。街道は、坂道のまま崖に突き当たる様にして大きく右に折れていく。急いで曲がり角まで駆け上《あ》がり、その右方向を確かめると、断崖に覆われたまま街道は、ゆるやかな上り坂となり、再び山林の崖に突き当っていく。その様《さま》に「このまま進めば帰れなくなる!!」、そんな不安に覆われると突然!　「断崖が崩れながら襲いかかってくる!!」、そんな恐怖に駆られるや!　最早《もはや》居ても立ってもいられず、そのまま振り返ると一目散に駆け出した。

行き交うトラックの猛烈な砂埃《すなぼこり》や噴煙も忘れ、何処《どこ》を如何《どう》走り抜けたのか――開かれた田園風景に我に返り走るのを止め歩きだした。やがて遠くに蛇行しながら、どこまでも続く川の土手に目を配るも、何処《どこ》か行《い》きとは別の風景に再び不安を募《つの》らせ、足を止め、其処《そこ》に橋を確かめると再び走り出した。

見覚えたままの橋。此処《ここ》からは田園の向こう一面に大集落が、大小様々な森を点在させながら広がる。行きとはまるで異なる風景に、見覚えのある建物等を頼りに、探し確かめながらの帰り道となる。前方の家々までは一直線の道すがら。なのに目に付くものは、どうにも初めて見るものばかり。だが、その都度「何が何でも、来た道は一本道」、と自分に言い聞かせ、押し寄せる不安を拭《ぬぐ》い去る。やがて、行きとは逆の右側を歩きながら、ふっと前方の小屋に目を遣ると何と！　街道は道幅を膨《ふく》らませながら小屋を挟んで二股に分かれていく。「一本道‼」、その強い拠《よ》り所《どころ》が崩れた瞬間！　私はパニックに陥る。只、「泣くもんか‼」、と必死で堪《こら》えるが涙は溢れるばかり。やがて、追い越すトラックの騒音と砂埃に紛れ、大声で泣き出した。

――どれ程走ったことであろうか、ふっと辺りの黒塀に気付き、頭を上げると本《ほん》の先、密集した家々の屋根越しの窓に照明に照らされ浮かぶ布団。

「あ！　布団屋だ‼」、思わず大声で叫ぶと何故か、今度は一気に笑いが込み上げてくる。「戻って来たぞ‼」、ここからは町並みの右側を歩きながら布団屋に続いて酒屋等《など》、五軒程の店を確かめながら、続いて右側の魚屋、八百屋、金物屋、呉服屋を覗きながら、やがて道路の両側をぶらぶらと、駄菓子屋や本屋、薬局や八百屋等を順次に確かめながら歩く……その全てが、見覚えた看板通りの店、というよりは、たった一度だけ通ったこの町並みに懐《なつ》かしささえ覚える。そして交差点まで……帰り道の町並み（街道）は此処からほぼ直角に左へ大きくカーブする。しかし、迷うことなく粗砂利のゆるやかな坂道を直進、大道を一気に駆け上った。

頂上からの下り……三輪トラックが、土埃《つちぼこり》を巻き上げながら通り過ぎていく。やがて静けさが戻ると、その静けさに紛《まぎ》れ不安が再び忍び込む。

「本《ほん》にこの旅！」、今ここを歩いていることさえ不思議に思える。尚更、昨夜の引っ越しなどは？「そうだ、夢なのだ！」、もしも夢ならば、このまま帰ったところで、そこに我家があるのだろうか？つい頬《ほお》を抓《つね》る。その痛みに夢でない事を知る。だが、我家を確かめる事も此処では出来ず不安が晴れることもない。

「夢でなければ、そうか狸か狐の仕業なんだ！」と考えると、夜の引っ越し、名古屋行きを阻《はば》む断崖絶壁、突如《とつじょ》二つに分かれた街道等、妙に合点がいく。やがて「化《ば》かされた引っ越し」を思うと、ますます膨《ふく》らむ不安に思わず走り出していた。

前方から大型トラックが猛スピードで迫ってくる。走りを止め、道端の雑木の小山に道を空けると、後方からも三輪トラックが追いかけ擦れ違い通り過ぎていく。辺《あた》りは巻き上げられた黒煙と砂埃、まるで狸の煙幕の様に行先を隠す。咽《むせ》びながら両手を必死で振り回し、煙幕を払い除けながら再び走り出すと、晴れかかった右前方に広がる田んぼの向こうが薄《うっす》らと、やがて松等《など》の透き間からは並んだ二階建てと大きな長屋がはっきりと、朝の出掛けに幾度となく振り返って確かめた引っ越し先の麓（坂下）。

「あの上が我家だ！　もう、狸には騙されないぞ」、これまでの不安が一気に吹っ飛ぶと、ここからは隠れながら跡を追ってくる狸を見つけ出し退治せん！　とばかりに闘志を燃やす。そして、背後に細心の注意を払いながら、周りを確かめながら確実に歩を進める。間もなく、大道に沿って並ぶ二軒の平屋を過ごして右へ、我家の下に辿り着く。ここからは門に続く板塀や崖に沿って小道を上る。だが、気を緩めることなく、より慎重を期する。それも、最後の最後に騙される事を恐れての事。

小道を七十メートル程上って踊り場へ、ここからは右折、二軒長屋の前の坂道を上り始め「もう我家が見える！」、と思った途端！　私は思わず「神様!!」と叫んでいた。

──我家の玄関、その周りに姉達がいる。その姿にスーと、気が抜けていく……玄関から兄が出てくる。姉達は掃除をしている。その様子は、まるで無声映画のスローモーションを見ている様である。

「ブラブラしてないで、早く水を汲んで来《こ》い！」、いきなり大姉の一富美にバケツを渡され、私はそのまま井戸のある隣りの裏庭に回った。

「もうすぐ、お昼御飯だよ！」、夢から覚めた様に、その声はこれまでの「旅」を一瞬にして消し去り、勝手口から声を掛ける母の姿に限りなく安《やす》らぎを覚えていく……。

四、小学校二年生

国立大学の附属高校。其処《そこ》の大きな砂場で一人、私はランドセルを片隅に放り出したまま家にも帰らず、トンネル作りに夢中になっていた。既に、昼休みも終わりかける頃。人の気配にふっと見上げると、五~六人の学生さんが私を取り囲む様に立っている。その一人は兄の同級生で同じ野球部の裕次さん、昨日の夕暮れに「丈夫な砂のトンネル作り」を教わったばかり。

「こんにちは！　昨日は……」

「僕《ぼく》！　このボールをあげるから、一つ頼まれてくれないか」

早速、裕次さんに昨日の御礼を……と、だが途中で口を挟《はさ》んできたのは野球部のキャプテン大森先輩であった。

「先輩の頼みは、断る事は出来ない」、と思いつつ後輩たる兄達の様に直立不動にて、その指示を待った。ところが「たった、それだけのこと」、と拍子抜けするも得意なことだけに引き受けた。

学生さん達が砂場から去って程《ほど》なく、サイレンが鳴る。午后の一時間目の授業が始まった様である。私は、一旦家に帰り一人遅い昼食を済ますと、トンネルの出来具合を確かめに大急ぎで砂場に戻った。

この砂場の運動場や体育館など附属高校の施設は、同じ敷地に住む教職員の子供達の遊び場でもある。又、野球部・柔道部・音楽部・演劇部など、多様なクラブ活動があり、そこに交じる様にしてここの子供達は居る。

四、小学校二年生

午后二時間目の授業、始業のサイレンにトンネル作りを止め、大森先輩との約束を果たす為、ゆっくりと煙突がある校舎に向かう。その教室の窓には私の背は届かない。そこで煙突の梯子《はしご》を五段程上る。ここからは横向きではあるが見下《みお》ろしぎみに教室内を見渡す事が出来る。左隅の開きかけ窓ガラスからは、黒板に向かって何やら書いている白衣の先生。その教壇からは五つの水道の蛇口などを備えた台が並んでいる。ここは理科の実験室。

二列目の窓際の台に大森先輩を確認。彼は、試験管を掲《かか》げたまま横目でこちらを見ており目が合うと、試験管を下げ正面に向き直り、先生の様子を確かめる様にして、そのまま大きく頷いた。これまで他に私に気付いている者は誰もいない。

「四角いオジサン、コンニチワ!」

「四角いオジサン、コンニチワ!」

「四角いオジサン、コンニチワ!」

先輩の合図に、開きかけた窓をめがけ指示通りに三回、大声で先生に挨拶を交《か》わす。その叫《さけ》び声に、一斉に私を見上げ唖然とする学生達は、次に正面に向き直り教壇の先生を見詰め直す。すると先生は黒板から俯《うつむ》いたまま窓際まで近づくと、大きく窓を開き顔を上げた。その四角な顔に、私は思わず挨拶を交わす。

「四角いオジサン、コンニチワ」

約束には無い四回目に、クスクスと笑いが起き、やがて教室中が笑いの渦に巻き込まれる。

「坊や、もういいから、危ないから、そこから下りなさい」

私を気遣う程に先生も、ニコニコと微笑みながら梯子《はしご》から下りる私を待って静かに窓を閉めた。

急いで砂場に戻ってから、どれ程の時間が……表面の砂の固め具合など、トンネルの仕上げ作業に夢中の最中、何処からと無く聞こえるざわめきを上目使いに振り向けば、大勢の学生さんがこちらに向かって走って来る。

「よくやった！」、「よくやった！」、やがて、口々に褒めながら手を叩き、私を囲み、一人最敬礼をする大森先輩、そして表彰式の様に新品の軟式ボールが渡されれば正にヒーロー、私は有頂天になる。

隣り近所の学校の出来事は、早々に母の耳に入る。その日の夕暮れ、ボールを見せびらかしながら自慢げに帰って来た私に、母からは「悪巧《わるだく》みに加担して、先生に無礼を働いた」、と叱られ「そのボールは直ぐに返すように」、と諭《さと》される。只、こうした先生に対する私の「冷やかし」は、今回が初めてではない。

つい先日の夏休みでの事。打ち込んでしまったボールを捜す為、私は校長先生の家の庭に入った。

「コラー！　胡瓜《きゅうり》を取ってはいかん！」、突然の大声に驚いて逃げた。だが、疑《うたが》いを晴らそうと直ぐ振り返ったが、その姿に私は思わず叫んでいた。

「みるみる白髪のおじいさん！」、そう言ってしまったからには、再び逃げるしかなくボールは諦めた。翌日、ボールを拾った校長先生は自分の間違いに気付き、私の母にボールと胡瓜を持って謝りに来たそうだ。その際、私の「冷やかし」に校長はひどく感心なさっていた、と母から褒められ私は得意であった。


さて、この秋に赴任したばかりの先生に付けられた「四角いオジサン」とは？　堅い科目の理科の先生であること、その顔や体型、几帳面で真面目な性格、人の善《よ》さそうな感じなど、マンガの似顔絵にしてそのままの「あだ名」である。それにしても、子供を使った「あだ名」のお披露目、当時の学生さんのセンスにはほとほと感心させられる。この様な先生と学生との関係は「仰げば尊し、我師の恩」、とは何処《どこ》か程遠く夏目漱石の『坊ちゃん』を思わせる。学校の先生が教育者として敬《うやま》われたのは、低学歴時代の尋常小学校でのことであり、その後は道徳として教えられたからであろう……何時の時代でも学生にとって先生方は、少し軽蔑した気持ちでの呼び名、詰まり「先生」でなかろうか。

ところで、先生の「あだ名」では以前より、私の父の事として、学生さんの誰彼となくそれも幾度となく「ピカドン」と、教えられていた。それが広島と長崎に落とされた原子爆弾の俗名であり、破壊力にその恐ろしさを知ってはいたが、どちらかと言えば青白でインテリ風、日頃から静かな父だけに、そう教えられても他人事にしか思えず、その都度忘れていた。ところが「先生に無礼を働いた」、と母に叱られたあの時、その「ピカドン」が思い出され、学生さんが父の悪口を言っている、そう思うとこの「あだ名」は強く心に残った。しかし、その謂《いわ》れを知ったのは、父の退官後の事《こと》。

正月、姉妹達が集まる実家での酒の席。「教育問題」が話題の最中《さなか》、直接私は父に「ピカドン」の謂れを尋ねたことがある。

父は、戦後の学制改革（六・三・三・四制）では、戦前の教育内容を改正した社会科、その新しい科目の実験・実習教育として、ここ附属高校の教壇に立つ事になる。そして半年、午后一時間目の授業での事件《こと》。

教壇に着くなり礼もなく、出欠を取り始める。その最中にもかかわらず、ダラダラと七〜八人の学生が遅れて教室に入って来る。毎度のことで遅刻者は着席後、自分で名前を告げることで出席を確認する。こうした日常のはずだが事態は一変！　何《なん》と悲鳴にも似た怒り声が教室を揺るがす！

「タワケども‼　席に着くな‼　この前に並べ‼」、その命令に、不意を突かれ唖然とする学生達は夢遊病者の様に、スッーと教壇の前に並ぶ。

「受験生のクセにたるんどる‼　性根《しょうね》をつけてやる‼」、並び終えるや否や、父は再び怒鳴ると、スリッパを脱ぐなり両手に持ち、彼等《かれら》の頬《ほほ》を目がけて飛び上がりながら片《かた》っ端《ぱし》に、往復ビンタで張り倒していく。そして、終わるや否や一言も無く、教室を出て行ってしまった。

――正に！　まるで「ピカドン」が落ちた様な一瞬の授業崩壊であった。只、父によると、最後の一人を殴る寸前には怒りは収《おさ》まり、殴り終えると同時にそのあまりもの怒りに何故か照れてしまい、生徒達の顔を見るのが恥ずかしくなり、直ぐに教室を出たそうだ。それというのも、怒りの原因が生徒の授業態度というよりは、たまたまこの日は腹の虫の居所が悪かった……そうとしか思えない故の父の反省である。

そもそも、父が教える社会科は、大学受験生にとっては入試対象外科目。只《ただ》、授業の出欠日数だけが、単位として卒業の対象となるだけ。又、授業内容も実験教育として、ガリ版刷りの手作り資料、その一方的な説明だけに終わる。詰まり、生徒達にとってこの授業時間は、受験勉強の余暇となっていた。受験生のこの気持ちを理解する父にとって、多少の遅刻や無駄話、居眠りや入試科目の内職などは、さほど気になる事でもなかった、と言う。されど「ピカドン」、その「あだ名」の原因となった「社会科」の授業、父にとってこの科目は一体、何であったのか？

戦時中。父は、畜産系の旧高等専門学校で公民・国民道徳の実践教育、修身（教科目）を担当していた。その為、敗戦後はＧＨＱ（連合国軍総司令部）により、軍国主義に荷担した戦犯として一年間の公職追放処分を受ける。その復帰第一声が、ここ附属高校での「新しい社会科」の授業である。

この教科目の「社会科」とは、一般社会と、戦前の旧制学校の人文地理・歴史・公民等を統合したものに当たる。しかし、国家主義から民主主義への移行に伴い、個人主義・自由主義に基づく新しい教育観に於いて「社会科」が新設される。ところで、「修身」等の「旧社会科」と「新社会科」では、その教育観は正反対にある。前者は国家主義・全体主義として国家発展の為に、後者は民主主義・自由主義として個人の成長・発展の為にあり、同時に先生と生徒との関係も異なるものになる。詰まり、「修身」等と「新社会科」では、「教えたいこと」、「教える目的」がまるで逆。戦前の教育者として、こうした変革が父のプレッシャーになった事は安易に想像がつく。そこで、こうした日々のストレスの爆発として「ピカドン」の事件を考え、父に同情することも出来るのだが……。

一年半後。東京帝国大学の哲学科出身の父は、大阪の教育系の大学に学者として戻ることになる。そして、その学問や研究に関する知識・理解・態度・技能等も変えることになる。父は、人間の社会的共同生活を実験・実証的に研究する社会科学として「社会学」を専攻、従来の社会の在り方を問う主義主張や、頭の中だけで問題を解決させる方法（思考・唯心）を極力排除する学問的立場をとる。

因みに、国民全員を対象とした近代から現代に続く教育、その教育観（誰の為の何の為の教育？）に関して……第一に、教育を私的個人の自由の発展とする個人主義・自由主義。第二に、社会規則や生活技術の普及等、社会を維持していく為の不可欠な活動とする社会機能主義。第三に、自律的に生きていく社会人に必要な道徳や教養を身に付ける為の活動とする規範主義。第四に、国民国家を形成し維持する為の国家公民を育成する活動とする国家主義がある。これらは、相互に対立するも時には補完関係にあるという事だが、それぞれの教育観に於いては、それぞれに「知恵をつけさせ」、それぞれに「善良ならしめる」。詰まり、異なる教育観に於いては、「教育目的」となる「人格」も異なる事になる（教育目的の矛盾）。

国家主義から民主主義へ……戦後の教育改革では、学制（学校の種類と修業年限を定めた教育体系）の改革に於いても戦前の義務教育・尋常小学校（六年間）を卒業した後の進学ルートが中学校、高等小学校、高等女学校、職業学校など、修業年限（二年～六年間）を含め多様で親の職業や性別等、社会的階層に応じたものであったが、アメリカ教育使節団の報告に基づき、平等で簡素な六・三・三・四制に改められた事や、義務教育も小学六年・中学三年の九年間に延びた事などは、周知の通りである。

「それにしても、『ピカドン』とは、よく言ったものだ」

正月での酒の席、自分の「あだ名」に感心した様子の父の話は続く。

「原爆もそうだが、担当科目の社会科もアメリカ仕込み」、と尚も「あだ名」の意味を深めていく。

「それに、儂《わし》にとっても、広島・長崎の原爆同様、最初で最後の授業中での爆発であった」

「そうそう、『ピカドン』の『ピカ』とは、その頃からあまり変わってはいないのだが、この頭の天辺、禿《はげ》の意味もあるようだ」、そして、その極め付きは「効果」だそうだ。戦争を終わらせ日本国民の主義や態度を一変させた原爆同様、父の「ピカドン」は学生の授業態度を一変、遅刻は無論、ヒソヒソ話さえ皆無になった――と、父は笑った。


昭和二十六年。此処《ここ》附属高校は、周りに鉄条網が張りめぐらされ、敷地の一画（全体の3分の1程）の廃校地区では、放置されたままの校舎や体育館が残されたまま。舎中には壊れた机や椅子、備品や教材などが散乱する。その全体の様子から、ここは陸軍の施設を戦後に学校として利用したものか、逆に戦争中に学校を陸軍が接収したものか定かではないが、いずれにせよ多くの学生を徴兵してここで訓練、戦地に送り出した場である事には変わりない。終戦から暫く、廃校舎の板壁や机などは暗黙の了解の元、住民である教職員の家庭用の燃料となる。その採取には家事手伝いとして子供達が当たっていた。尚、この年は昭和二十五年六月に勃発《ぼっぱつ》した朝鮮戦争が続き、経済的には戦後の復興を逸早《いちはや》くもたらした、とされる「特需」の始まり……とは言え日本国民の大多数は食べる事で精一杯、その日その日の生活に追われ、子供達も学校が終わると親の仕事の一端を担っていた。

我家でも、暗黙の了解の元、校内の空き地で芋や野菜を栽培。又、ミシンの内職に忙しい母の代わりに、ここ附属高校の一年生（一富美）・中学一年生（彩巴《いろは》）・小学五年生（由紀）の三人の姉達が当番で家事手伝いに就いていた。長男の附属高校二年生の兄（正文）は、畑仕事や自転車でのお使い担当、それに寮《りょう》の窓下に庇《ひさし》小屋を作り、十二羽の鶏《にわとり》を飼っていた。兄の仕事は同級生にも手伝って貰うことが多く、その分早目に切り上げ、野球部での練習に励《はげ》んでいた様だ。こうした我家には、普段から何かと出入りする学生さんは多い。

——これまで我家の一番の働き手は母方の祖母、母の嫁入り当初から一緒に七人の子供の育児にも携《たずさ》わってきたと言う。その極め付けは、乳が吸えない七月子の弟と八月子の妹の二人の未熟児に、絞った母乳を根気よくスプーンで口に運《はこ》び、生かしたことにある。折しも、終戦直後の事だが空襲もなく冬はストーブの暖房が利く北海道ならではの奇跡であろう。その後、北海道から愛知県瀬戸（父の里）への引き揚げ、そして父の復帰赴任の豊川と、二度の引っ越しの重荷に認知症《にんちしょう》を患《わずら》う。そんな祖母は、長年の習慣であろうが煮込んだ鶏の餌《えさ》を妹に食べさせていたそうだ。その病《やまい》も一年間程、この年の十月には他界……七月子の死を覚悟した父が、わざわざ本棚を解体して造った小さな棺《ひつぎ》、天白村では弟妹二人用の頑丈《がんじょう》な踏み台となり、祖母の形見となって洗面台に置かれていた。

ここ豊川では、三人の姉達が、家事以外にも寮の協同作業、風呂当番や便所・廊下・玄関の掃除当番にも就いていた（尚、寮には四世帯が入居していたが、主に子供同士が当番に当たる）、それに五歳の弟（守正）と三歳の妹（千秋）の「子守」や一人遊び放題の私の「監視」、と祖母に代わって三人は多忙な日々を送っていた。

尤《もっと》も、当時の子供達の生活は学校よりも家庭が中心となり、遊び仲間も自然と隣り近所同士。又、年下の世話もあり年齢・学年はバラバラである。そんな子供達にとってこの戦時跡地《あとち》は、絶好の遊び場でもあった。

遊び場の一つが、校舎を急遽《きゅうきょ》教職員用の住宅にした様子の「寮《りょう》」にある。住居区は南北に二カ所。その北は、二棟の二階建ての「寮」と四軒の「二戸建平屋」で一角をなす。北側の一棟目の我家は、玄関口から廊下を挟んだ最初の左右一間《ひとま》ずつ、教室ほどの広い部屋二間が割り当てられる。左の間《ま》の３分の１程は土間《どま》になっており竈《かまど》や水道が引き込まれ、３分の２程を居間にして中心にストーブが置かれていた。右の間《ま》では、本箱や家具などで仕切り寝室と勉強部屋になっていた。寮の一階は、廊下を挟んで左右二部屋ずつの三世帯。その三番目の右の間《ま》の半分が共同風呂。そして、廊下の突き当たりのコンクリートの土間は大小の便所。ここは不気味に薄暗く、兄の怪談話が怖くて私の夜の用足しは玄関前、それに弟と妹は部屋でおまるを使用。二階は若先生の一世帯だけで、他は教室のままの空き部屋。掃除が終われば廊下や階段、それに空き部屋はそのまま遊び場となる。当時、一年生の私は姉達三人と隣りの小学五年生・三年生の姉妹、その隣の中学一年のお姉さんに囲まれ女の子の遊びをさせられていたようだ。

遊び場の二つめは廃校地区。

床《ゆか》などは全《すべ》て剝ぎ取られた土の表面、太い梁《はり》丸出しの屋根、所々に窓枠の板壁《いたかべ》を残すだけの体育館。その奥には二階建て三棟の廃校舎が並ぶ。この地区ではつい最近まで、保安隊（自衛隊の前身）が周《まわ》りに綱《つな》を張り、一般の出入りを禁止して度々《たびたび》演習を行っていたが、この体育館は隊員達の飯盒《はんごう》による昼食の場となっていた。その様子を網越しに覗いていた一年生時の私は、誘われ御馳走《ごちそう》になった事もあった。こうした場所で行う缶蹴《かんけ》りゲームは、正にダイナミックな「遊び」。南北から小学一年生から中学三年の教職員の子供と、その友達が年齢によるハンデを持って一堂に会し、体育館の地面の中心に缶を置き、ゲームが始まる。鬼は五人程、逃げる者は体育館の天井の太い梁《はり》、奥の廃校舎を隠れ場とする。このゲームの中心は我《わが》大姉、中学三年生の一富美であり、小三以上が全て女子、そこに一年生の私も参戦。だが、遊び相手が女子達から学生さんに変わった小学二年生の私にとってこの廃校地区は、探検・宝探しや住処《すみか》作り等、一人遊びの場となるが、夢中で時を忘れて遊ぶ私を捜して連れて帰ることが、姉達の仕事となっていたそうだ。

遊び場の三つめは附属高校。

全体を不思議な建物が覆《おお》う。その中心の附属高校には、親切で楽しいミッキーマウスやドナルドダック、悪戯好きな猿、悪智恵を働かす狐や怖《こわ》い狼など、御伽《おとぎ》の国の多様なキャラクターが住む。大広場では、野球にラグビーにテニス等、屋内では演劇や歌謡《かよう》に演奏、時には映画も上映される。ここでは、一年を通じてアトラクションが催されていた。

五、小学校三年生

引っ越しの整理が付かぬまま新学期が始まる。

この三年生は転校になるが、「隣りの名古屋」や「周りの自然」に好奇心を奪われ転校を忘れたままに五日間が過ぎる。この日は新一年生、弟の入学式であった。

「明日から、新しい学校だよ」

その夜、教科書や上履き等を用意する母から言われ、初めて転校を意識する。だが、六年生の姉（由紀）とは別の学校であることも知らされ、幼い弟との二人だけの登校に心細さを募《つの》らせていた。

つい先日まで、私を含めた二年生以下二名は、四年生以上の姉達六人に付き添われての登校であった。小学校までは、校内の運動場や校舎の間を通り抜け、正門を出てからは田畑の中を真っ直ぐ十五分程の道程。その途中には多くの学生さんとの挨拶もあり、賑《にぎ》やかな通学となる。午前中での下校も、同級生とは帰りが逆方向の私は一人だが、学生さんの自転車に拾われて送って貰《もら》う事も日常である。

ところで、この通学を含め豊川の事では、学生さんとの関わり事や附属高校内での出来事は、はっきりと覚えているのだが、小学校での出来事や同級生との事は殆ど思い出せない。只、母の言い種《ぐさ》では、一年生時の私は校庭の砂場で作り掛けたトンネルが気掛かりで、テストの時間にもかかわらず、回答用紙の名前の欄に「やまこ（やまおか　ことし）」と書くなり、教室を飛び出して砂場に行ってしまう程、興味本意だけで行動する児童であったそうだ。何事にも熱中するが長く続かず、絵に描いた様な「三日坊主」。成績に関しては、「字《じ》」や「数《かず》」を習った記憶もなく、やはり劣等生であった様だ。そして通信簿の生活欄では「落着《おちつき》がない」、と毎回の様に指摘されていたそうだ。だが、大学の先生による知能テストではトップクラス……全く以てちぐはぐな子供であった、と言う。

　翌朝。母に連《つ》れられ、つい先日の「名古屋への道」を辿《たど》る思いで、転校先に向かう。只、大道のこの方向が名古屋方面であることは、大きな呉服屋の前のバス停から「名古屋駅行き」に乗ることを、あの日の夕食時、大阪から帰宅したばかりの父の雑談から知ることになる。しかし、今日までこの道を行く事もなかった。

　最初の坂道を下った交差点。家からこの飯田街道までは十二～三分程だが、今日は随分近くに思える。そのまま町並みを五分程進み、駄菓子屋の角《かど》を左に入ると直ぐ右、母が「ここが小学校だよ！」、と指差す。そこは、奥のお寺の庭にある様な幼稚園程の広さの小学校の分校。教室は一年生から三年生までの一クラスずつ。三年生は五十五人、我家の隣りのマサとコウ坊も居る。尚、六年生の姉（由紀）が通う島田の本校は遠く、隣り村になる。

❐クラスでの自己紹介

私は、職員室から先生に付き添われたまま教壇に立つと直ぐ、窓際の後部席に目を奪われてしまう。そして、その際立《きわだ》った存在に圧倒され、名前を言うのがやっと……そのまま先生に誘導され廊下際の後部席に座った。

❐一時間目の休憩時間

心細い思いで座ったまま、引っ越し時は遠巻きに此方《こちら》を見ていただけのマサとコウ坊だが、そこは近所の好《よしみ》、何《なに》かと誘いを待っていたのだが、そんな私を無視するかの様に、急いで二人揃って外へ飛び出して行く。その代わりに窓際の後部席からゆっくりと、私より一回り大きな男、イイ君（金田勇《いさむ》）が近づいて来る。

「放課後に、相撲しよみゃあか！」

「しても、いいよ！」、彼は、行き成り「勝負」を切り出してきたが、それが「相撲」であったことで、私は自然に聞き入れていた。

相撲のことは、豊川の学生さんによく教《おし》えて貰っており、兄の相撲の遊び道具にもされていた。御蔭で、三つ年上の由紀にも勝てる程だが、何《なに》せ近所は女子ばかり、適当な年頃の男子は居なく、学校の同級生にもその相手は見当たらず、今日まで実力を試す機会が無いままに過ごしてきた。そんな思いからの勝負だが、私の返事に気分を良くしたのか、イイ君は大相撲でのことを色々と話し掛けてくる。だが、勝負を意識する程に緊張し、生返事のままに次の休憩時間も過ごす。

脱脂粉乳だけの給食が終わり、放課となる。イイ君に連れられて小さな運動場の砂場に向かう。この勝負を見ようと、十五人程の同級生も集まって来た。

仕切る二人。私は「ハッケ・ヨーイ・ノコッタ」で立ち上がるや否や、思い切って彼の懐《ふところ》に飛び込み、腰に食い付き、両手で腰を引き付け、両肩で押すと彼は後退り、そのまま腰砕《くだ》けになり倒れてしまう。この負けに呆《あき》れ顔のイイ君だが、私以上に驚いている。しかし、直ぐに起き上がり「もう一丁！」、と構える。二番勝負……彼は左肩を半歩程突き出し、懐《ふところ》への飛び込みを防ぐ方法で構え直した。立ち上がるや否やガップリの四つ相撲。直《す》ぐさま、彼は振り回す様に上手で投げを打つ、私は下手を抜きその腰に手を当て堪《こら》えるが、その強引な力に振り回され、そのまま砂場から出されてしまう。三番から七番勝負……私の「技」とイイ君の「力」の対決であったが二勝三敗と、彼に分があがり三勝四敗にて終了する。

「明日は、メンコしよみゃあか！」

相撲等、同級生に相手がおらずこの勝負が余程嬉しかったのであろう、彼は再び私を誘った。

「帰り道が一緒だガヤ！」、飯田街道（町並）に出ると、逆方向のイイ君とは入れ違いに七〜

八人の同級生が寄ってきて、話し掛けてくる。

「あすこが、ケイ子家《んち》だガヤ」、「この床屋はカズ家《んち》だガヤ」、途中、色々と案内して貰いながら、一人、二人と別れ、交差点を過ぎた頃にはマサとコウ坊の三人だけとなる。二人は通学には近道があり、その秋葉神社では子供の相撲大会があること等、今までとは打って変わってよく話し掛けてくる。どうやら、あのイイ君と互角に戦った私を、近所の好《よしみ》として誇《ほこ》らしく思ってくれた様である。三人は早速、昼食後に遊ぶ約束を交わした。

宅地として開発されたここ集落は、丘陵の台地（坂上）と麓《ふもと》（坂下）に一列ずつ、路地（小道）に沿って住宅が並ぶ。坂上から坂下には、我家の玄関先の坂道を下《くだ》る。台地から下るこの道の左側は、斜面の三段畑。右側の台地は、我家の鶏小屋からイヌツゲの垣根の祠《ほこら》、松林と続き、やがて台地が削られ崖となる。崖下は、向こう側を板塀で囲むなど、広く開《ひら》けており、真ん中を五軒長屋の路地から延びる小道が門に向かって通る（門を潜《くぐ》れば大道に出る）。その左側は、広い庭の二階建てが二軒並ぶが、右側は空地のままに子供の遊び場になっている。

❐転校して四日目の土曜日

イイ君等《ら》とのメンコ遊びで遅くなり急いで帰る途中、マサがこちらに向かって、盛んに手招きしながら走って来る。そして、近づくなり堰《せき》を切った様に喋り出す。

「コウ坊とショウ坊がヤラレタガヤ!!『ご』集めが、ワヤ（台無し）だガヤ！ ちゃっと（直ぐ）仇を取りに行くだガヤ!!」

何やら誰からか、近所の子供達に招集が掛けられた様で、そのマサの誘《さそ》いに、私もランドセルを家に放り出したまま浦山に入った。

浦山には、我家を出て大道方向とは逆に小道を左へ、奥の山林を通り抜け更に一段上る。山の頂上は削られ一寸《ちょっと》した広場になっている。既に、コウ坊達は竹の棒を揃えるなど、戦いの準備が出来ている。その中心にいる男、上のボタンを外した学生服から群青色《ぐんじょういろ》のTシャツを覗《のぞ》かせる服装から、その人が親分のタツ（龍男）である事は一目瞭然。彼は、ジーッと見詰める私とは目を合わすこともなく、竹の棒を我々二人に手渡すとすぐに「行くぞ！」、と号令を掛けた。

平針の町から暫く離れたこの集落は、小・中学校の学区が異なる村に接している。小・中学生にとって学区の境は国境、ここがその最前線、国境の村である。その戦いに、隊《たい》列のドン尻から私は「男の世界」を見ている様で、大きな興奮を覚えた。我隊は中一の二人と坂下の小六のリョウ（亮一）に小四のジロウ（二郎）、それに我々小三の三人の合計七名である。そもそも、この隊を思うに……私は兄と見た映画の『国定忠治』に「男の世界」を覚えていた。それに『山の子・三太物語』の子供映画や『鞍馬天狗』のチャンバラ映画より、この任侠ものの『国定忠治』が好きであった。それも、子分との別れに片手に刀を掲げるポーズでの名文句「赤城《あかぎ》の山も今宵を限り、……可愛い子分の手前達《てめえたち》と……」、そして、殺陣《たて》の場面での殺し文句「国定の忠治は鬼より怖い、ニッコリ笑って人を斬る」など、私は一人で忠治の台詞《せりふ》に高じていた。

浦山からの進軍。大道までは小道は避け、逆方向から山を半周程迂回《うかい》して下る。そのまま大道を横切り土手を下って畦道《あぜみち》をジグザグに進み、先方の土手を上《あ》がると敵地。その道を横断し山林に入ってから暫く、切れた縄や枯枝が散乱する事件現場に出る。偵察の為一旦隊列を解く。辺りに敵はおらず、再び列を成して山奥へと上って行く。少しずつ下り始めてまもなく崖の上に出る。そこは、山の半分程が削り取られた砂の採掘《さいくつ》場。崖下のトラック着き場では、五人が手打ち野球で遊んでいる。如何やら彼等が敵《かたき》の様だ。

「おみゃーら（おまえら）いかんガヤ！　ブ殺してやるガヤ‼　クソダワケガ！」

突然の大声に、彼等は一斉に崖を見上げると多勢に無勢、それともタツを恐れてのことか、トラックの出入口から逃げ出した。そんな敵に勢い付く我軍は竹棒を振り上げ「ウォー‼」、と鬨《とき》の声を上げるや一気に、崖下へとなだれ込み広場を占領。無駄な追跡はせずその場で待機。すると、敵は広場の入り口付近、我隊からは五十メートル程先に集まり始める。

「男なら一人で来《こ》りゃがれ！　卑怯者《ひきょうもの》‼」

「卑怯者《ひきょうもの》！」、「卑怯者《ひきょうもの》！」、一番大きな敵の男が叫ぶと、他の者も一斉に合わせて二度叫ぶ。

如何やら敵は、舌合戦を仕掛けてきた様だ。

「とろくさ（アホらしい）！　おみゃーと一対一で勝負だガヤ!!　クソダワケガ！」

タツの応答に敵が黙ると、透《す》かさず我軍も一斉に連呼。

「弱虫のクソダワケ！」、「弱虫のクソダワケ！」、この弱虫攻撃《こうげき》に敵は先代のガキ大将を持ち出して反撃してくる。

「タケヤンで、おみゃーなんかいちころだガヤ!!」

「タケヤンでいちころだガヤ！」、「いちころだガヤ！」、龍男より一学年上のタケヤン、去年でガキ大将は卒業している。この助《すけ》っ人《と》攻撃では我隊も直《ただ》ちに応戦。

「とろくさ！　こっちはアキチャンがおる（いる）ガヤ!!　クソダワケガ！」

「アキチャンだガヤ！　クソダワケ！」、「クソダワケ！」、アキチャンは、我学区の中学校で番長を張る。余程の男なのか？　敵は黙り「勝負あり」と思ったその時、この戦いとは関係のない人物を敵は担ぎ出してきた。

「たーけ（バカ）！　奴なんか千代の山で一コロだガヤ!!」

「クソダワケガ！　こっちは鏡里だガヤ！」、横綱千代の山の登場に大相撲の贔屓《ひいき》合戦に引き込まれ、やがて千代の山に分が及ぶと、我軍は現役ではない六十四連勝の双葉山を登場させる。

するとと敵は再び戦い方を変えてきた。

「たーけ！　こっちは機関銃だで！　双葉山なんかあっと言う間に死ぬだガヤ!!」

こうなれば武器合戦だが、訳もなく最早《もはや》敵味方のそれぞれが勝手に様々な武器を言い出す始末。しかし「原爆」が出ると、双方共に黙ってしまった。この勝負、初めに仕掛け最後に「原爆」を出してきた敵に分があり、こうした成り行きに突然！　コウ坊が叫ぶ。

「たーけ！　寝小便タレのクソチビリ」、舌合戦も出鱈目《でたらめ》となれば、いよいよ我々チビッコ三人の出番となる。

「クソ瓶にはまって死んじまえ！」

「お前の母さん、出べソ！」、「子供の喧嘩に親が出る！」、「デブデブ百貫デブ！　電車に曳《ひ》かれてペッチャンコ！」

大小便攻撃から親攻撃、私も思い付くままに相手構《かま》わず罵声を浴びせるが、コウ坊はさすがに卑猥な言葉で女卑攻撃をする。

「たーけ！　女と遊どるオ××コ野郎!!」

出鱈目舌合戦となれば多勢に無勢、我隊には小学三年生が三人、敵にはそのチビッコがいない。敵は一言も反撃出来ず引き揚げて行った。我軍の圧勝である。

再び事件現場に戻り、散らばった枯枝や「ご」を集め、縄で束ねてコウ坊等《ら》に返《かえ》す。私にはこの「柴《しば》」が戦利品に思え、気分揚々にして浦山に凱旋。コウ坊兄弟にマサとリョウは直ぐに帰って行ったが、興奮冷めやらぬ様子で残る私に、タツはジロウとの相撲を命じる。体格では同じ様な一学年上の彼に私があっさり勝つと、タツは満足そうに何度も頷いた。

引っ越して九日目、この日が龍男との初めての出会いとなる。


隣り村との戦い。二度目は、タツとジロウに付いていった小川での魚取り、「カイボリ」の最中に七〜八名の敵に襲われる。不意を突かれた我々三人は、バケツを放り出したまま逃げた。しかし、私は捕《つか》まり小突《こづ》かれはしたものの直ぐに釈放される。如何やら敵のターゲットは龍男一人の様だ。彼はそのまま助《すけ》っ人《と》を求めて平針の町まで逃げたそうだ。

翌日。我隊には、コウ坊兄弟に代ってタツの同級生二人が加入。この戦いでは、早くも私はタツの第一子分を気取る思いで参戦。しかし、追えば逃げる敵では不戦勝。ところが、如何《どう》したことかその一週間後、敵は我々と出会うと逃げる様になる。こうして、この争いも三度で終わるが一体何の為の戦いだったのであろうか。

そもそも、「学区」の境に関所がある訳でもなく、辺《あた》りの野山や畑での学区を越えた出会いは日常茶飯事のこと。それに、元々この辺りは学区を越えてあり、ショウ坊等《など》は小学五年生まで、より近い隣り村（学区）の小学校に通っていたそうだ。あの敵の大きな中学生は、その時のクラスメイト。そんな二人だがたまたま山林で出会い、何かの貸し借りで口論になると、ショウ坊は「柴」を放り出して逃げ出し、コウ坊も「柴」を捨ててその後を追う。ところが、兄弟にとって問題は「柴」を家に持って帰れないことである。そこで、「学区の争い」を口実に「敵にヤラレタ！」、とその足で龍男に訴え、あの戦いになったと後々聞かされる。そうだとしても、「学区の争い」は、互いの中学校の番長の突っ張り合い。それが故に、相手の全ての小中学生を敵と見做《みな》す。


平日の分校では、脱脂粉乳を飲み終え終業、昼食は家で取る。

メンコや駒《こま》遊びより野山等の自然に興味津々の私にとっては、隣り組二人が毎日の遊び仲間である。今日もコウ坊の後からマサと一緒に野山に入る。野山の探索では主に山菜や茸《きのこ》狩り等、そのままが生活である。

土曜日の分校では、家から持ち寄った野菜に学校が用意する豚肉、その豚汁を母親達が当番で炊き出す。それに、家から持参する握り飯等で昼食を済ますと終業。

土曜日の午后から日曜日に掛けては、親分と慕《した》うタツとの活動。川や溜池での仕掛や「カイボリ」等も、そのままが生活。そんなある日、龍男から分けて貰った鮒《ふな》を洗っていた井戸端で母親達の会話から、正男の小母《おば》さんはママハハで実母は彼が三歳の時、お婆さんによって実家に帰された！　と知りショックを受け、そうした現実（姿婆）での親子の絆のはかなさをそのままに、その事はタブーとなる。そのマサのお婆さんだが、ここ集落の世話役であり、祠《ほこら》の子供御神輿《おみこし》ではお菓子を振る舞う。その一方では誰彼となく叱り飛ばす、子供にとっては怖いお婆さんでもある。しかし、孫の正男にとっては母子を裂いた張本人、その分マサを溺愛していた様だ。つい昨日までは、優等生の坂下の亮一を家庭教師代《か》わりに、面倒を頼んでいたと言う。今日になっては、先生の子である私に相当期待していると母は言うのだが……そんなお婆さんを龍男は大の苦手にしている。それも、亮一と一緒に正男を引っ張り出し「悪事」をさせている、と怒っており、それだけに、彼に対するお婆さんの風当りは相当《そうとう》なもの。しかし、私の母とは反《そ》りが合うようだ。それも川魚のお礼はもとより、その面長《おもなが》な男前が大スターの長谷川一夫に似ていると、母が誉めるからであろう。不良風《ふりょうっぽい》着こなしで恰好を付ける彼には打って付けのお世辞に、タツも何かと母には親切である。又、小道からの出入口、大道に沿うタツ家《んち》に横付けされている大型トラックも龍男の自慢。洗車の手伝い、そのご褒美には、辺《あた》りを一周ほどトラックに乗せて貰うのも私の楽しみである。

さて、隣り村との戦いも終わり、何かと穏やかな日曜日。再び親分タツから招集が掛《か》かる。我々同級生三人とジロウは、大道の出入口広場に集合。やがて遅れてやって来たタツに連れられ、先日まで敵地であった山林に入った。そこから一山二山越え三十分程、広大な芝で急に辺りが開ける。ここは和合のゴルフ場。

一面の芝を呆然と見渡す私の前をタツは小走りで下りながら、誰か（?）大人の男に話し掛け、そのまま直ぐに戻って来た。

「ＯＫ！　ボールを探すガヤ（探せ）！　クソダワケガ」

タツの命令にマサ達は、一斉に林の其処《そこ》ら中を棒で突き始める。訳も判らないまま私は、尚も遠方の芝一面を眺めていた。やがてその服装から四人のヤンキー（米兵）を見つけると同時に、飛んで来るボールに目を遣《や》りそのまま芝を転がるボールを拾《ひろ》おうと、一気に飛び出した。

「こら!!　そのボールに触るな！　直ぐ戻れ！」

芝を走ると直ぐに後ろから大声、振り返るとあの男がこちらを睨《にら》み付けている。急いで芝から出るが、タツが呼びつけられ男から何やら注意されている。

「いかんかった（悪かった）ガヤ！　コッケは知らへんかったんだ！」

タツ達にしてみれば、この「ボール拾い」の小遣い稼ぎは、日常の事だけに、私が初めてであることに気付かず何《なん》の説明もせずに居《い》た。彼は私に近づくなりその事で謝った。

「OB」や「池ポチャ」等でプレーヤーが失うボール（ロストボール）を探して売る。ヤンキー（米兵）相手のこの商売では既に大人達の縄張りがあり、子供達はその大人の許可を得てボールを拾い、十円程で引き取って貰う。我々チビッ子の場合、拾ったボールは一旦タツに渡すが都合の良いことに、直接林の中に打ち込んでくるボールをそのまま拾っても、大人達から怒られることも無い様だ。

タツの説明に、芝《しば》から外れたボールが「金《かね》」になる事を知り、私はすっかり興奮してしまう。そのまま林を抜けて間も無く、ネットが張られた土手の赤土に、沢山のゴルフボールを見つけ興奮は絶頂へ！　そのままボールを取りに突進！　途端に「危ない!!」の大声と共にボールが飛んで来る、振り返ると皆が列をなしてボールを打っている。ここはゴルフ練習場、直ちに逃げ帰った。こんな具合で私は一つもボールを拾えず終了。だが、我々全部では五個程に……その内の二つは、大人達の隙を見て龍男が直接ヤンキーと取り引き、大金二百円を手にする。

帰りは、飯田街道に出て平針方面に向かう。途中、赤池の茶店《ちゃみせ》でサイダーに菓子パン、それにキャラメルにチョコレートと、タツからの大判振る舞い。当時のお八つが精々《せいぜい》、芋飴《いもあめ》・花林糖《かりんとう》・味付けパンであったことを思えば正に贅沢三昧《ぜいたくざんまい》。

普段の小遣い稼ぎは下校途中での「鉄クズ拾い」。高値の真鍮《しんちゅう》とアカ（銅）、その水道蛇口（真鍮《しんちゅう》）に道路工事の配線（銅）などには自然と目が留まり、盗みの誘惑に堪えながら拾い集め纏《まと》めてタツに渡す。多い時では三十円程……こうした商売で稼ぐタツは単に喧嘩が強いだけの親分ではない、その本領は経済力、この内緒の商売で我々子分に小遣いを振る舞う。

豊川から引っ越して突然、様々に「稼ぐ」ことで私は「娑婆」を習い、「大人」を覚える。しかし、この「稼ぎ」も一時《いっとき》のこと。

❒新学期、引っ越し先での我家の事《こと》

高校の三年生と二年生になる正文と一富美、中学二年生の彩巴、小学六年生の由紀、いずれも地元の公立の学区に当たる高校、中学、小学校（本校）に転校。兄は、家の側面に軒をかざして造られた台所、その奥の勉強部屋で大学受験に備える。又、引き続き二十羽程の鶏《にわとり》と山《や》羊《ぎ》一頭の飼育を担当。それに、家事当番の姉達三人も母の畑仕事を手伝う。その我家の前の三段畑は、転勤の為に引っ越した前任者が、戦時中から戦後に掛け雑木林を開墾《かいこん》したもの。又、山羊《やぎ》もそこから譲り受けたもの。

「家畜」の世話では、兄から鶏と山羊の小屋の掃除、糞《ふん》出しを言い付けられるが、この命令には私は何かと口実を付け、その多くを遣《や》る事も無かった。只、草を食べさせる為、正男達と一緒に連れ出しては方々《ほうぼう》に繋《つな》ぎに行く、そんな仕事とは別な思いで山羊とは大いに慣れ親しむ。やがて、家畜として採乳だけでなく、二匹の子を産ませ売ることになるが、子を離された親山羊は、その日から三日三晩鳴き続ける。その哀れな泣き声に私は家畜の惨《むご》さを思い知る事になる。

鶏《にわとり》の世話にはその捌《さば》きも含まれる。井戸端で、隣りの小父《おじ》さんから兄が「鶏の捌《さば》き方」を教わっている。まずは生きた鶏の首を一気に切り落とし、首の無いまま逆《さか》さに吊《つ》るして血を抜き、一度お湯に浸《ひた》して羽を毟《むし》り、それから捌《さば》く。初めての首切り……兄は鶏の首を押さえたまま、青ざめた顔で手を震わせ、出刃包丁を何度も振りかざすが下ろせないまま暫く、小父《おじ》さんの数回の掛け声に、やっとの思いで切り落とした。この首切りは日常茶飯事のこと、その為に鶏には惨《むご》さを覚えることもないのだが、思いもよらぬ兄の弱腰《よわごし》。側《そば》で見ていた私は思わず「男のクセに！」と言ってしまった。そのことで怒った兄は「そう言うお前！　鼠《ねずみ》の始末はお前が遣《や》れ！」、と命じられる。卵を盗む鼠《ねずみ》に鶏小屋で仕掛ける罠《わな》。掛かった鼠《ねずみ》はその籠に入れたまま川で溺れさせ川に流す。ここは「男ならやってやる！」、と兄に対抗心を燃やすが正に恐怖の思い、コウ坊に手伝って貰《もら》いながらの鼠《ねずみ》の始末であった。
さて、隣り村との戦いが終結して暫く、五月が終わる頃には龍男もこの村の餓鬼大将を卒業、私と会う土・日も偶《たま》になる。又、田植えの時期を控えて、田んぼや小川、溜池での漁業も終わる。これまでも、治水や田畑を荒らすという理由で進入すら禁止だが、食糧難の名残のままに子供の遊びとして見過ごされてきた様だ。ところが、農薬の普及や用水路の整備等、急速な復興にその漁業も今年が最後となる。又、家庭用燃料も「薪」に戻り、「ご」の芝刈も五月で終了。この頃には、コウ坊は学校を欠席する事も多くなり、何かと彼との付き合いも薄くなる。そして、田植えのシーズンともなれば自然と、学校帰りの道連れ、農家の山田（ヤマ）の田畑の手伝いとなる。そのお礼の多少の野菜が私の最後の「稼ぎ」となった。

雨で野山に入れない日々は、町中の同級生と遊ぶ事も多くなるが、梅雨が明ければ再び野山での「遊び」に暇《いとま》もなくなる。そもそも私にとって春の「稼ぎ」は、好奇心に楽しいと思うことをする。即ち「遊び」である。ヤマ達との鍬形《くわがた》や甲虫《かぶとむし》等の採集、木の上や洞窟《どうくつ》での住処《すみか》造り、それに大池での水浴等、春とは「遊び方」が変わるが、忙しさに変わりはない。

水浴場は裏山の向こうの大池。農水用の溜め池だが、夏場にはこの辺りの子供達の為に時間帯を設け大人の付き添《そ》いを条件に水浴が許される。その依頼を受けた高校生の兄からは、近所の子供達と一緒に水泳を教わる。やがて我々はその時間帯を無視、水浴にも興じる様になる。

今日からは夏休み。その朝、ざわめく母親達の井戸端の会話から、コウ坊家《んち》が近所に借金を残し、夜逃げした事を知る。何故逃げたのか？　コウ坊家《んち》の一家を挙げた働き振りを見ている私には、まるで判らない。それを知ってか知らずか？　正男も其《そ》のことには一切触れず、私もコウ坊を思いつつ何故か聞くことも出来ないまま一週間を過ごす。その日の夕暮時、お婆さんを訪ねて来たのであろう……裏庭から小さく隠れる様にして、マサ家《んち》に入るコウ坊の小母《おば》さんを見掛ける。その姿に、子の絶対の保護者であるはずの親、そうした大人への不安をそのままに、コウ坊家《んち》の事はタブーにして、コウ坊に何も出来ずにいる自分に悔しさを覚える。

❐小学三年生、コッケの「悪戯」

「坊や」から「餓鬼」と呼ばれて暫《しばら》く、夏を迎える頃には、私はその呼び名がすっかり身に付いていた。そもそも、此処《ここ》田舎は自然や生活との関わりに、旺盛な好奇心をそそられるが案外窮屈な所……殆どの場所で楽しいと思うこと（遊び）、例えば蓮華《れんげ》の田んぼで野球や相撲をすれば、田畑を荒らす「悪戯《いたずら》」となる。こうして旺盛な好奇心が無碍《むげ》に止められればよけいに反発、より「悪戯《いたずら》」がしたくなる。そんな龍男は、何時も我々子分の前で、小父《おじ》さんからビンタを貰《もら》っていた。「悪戯」で見せしめになるのは決まって親分タツである。やがて、餓鬼大将を卒業した彼だが、そこは自慢の子分である私との誼《よしみ》、彼等《ら》同級生との「悪戯」に、私はよく連れ出された。

稲の収穫が終わり、藁束《わらたば》を小高く積み上げた藁塚《わらづか》が田んぼの方々《ほうぼう》に建《た》てば、その屋根〳〵が龍男達の絶好の遊び場となる。この勝負は、平針組と島田組のそれぞれが旗を立てた本丸の藁塚と、それを守る藁塚群を陣地に兵を攻守に分け、藁束を武器に藁塚の屋根で戦う。攻撃では屋根から敵を落としながら本丸目掛けて進み、先に旗を倒せば「勝ち」。控《ひか》えのままで見物する者も多く、そうした上級生の誰よりも三年生の私は、タツの援護で参戦する。

この戦いは、遠くの人気《ひとけ》のない山間の田んぼで行われた。戦《たたか》いの後は藁塚は崩れ、辺《あた》りは藁《わら》クズの山となる。

秋も深まり、土曜日の四時も過ぎれば夕暮れ。正男と連れ立って裏山に寄れば、珍しく龍男と一郎が一緒にいる。中二の彼と龍男は大道沿いの隣り組。

「おみゃーらも探検に行こみゃあか！」

ニヤニヤする二人に誘われるまま、正男と一緒に坂下の二階建て、智子《ともこ》の家の裏庭に忍び込む。そして、母屋から庇《ひさし》を伸ばすバラック小屋に近づくと、二人して節穴を覗く。そこが、風呂場である事に初めて龍男達の企《たくら》みを知るが、小二の智子には中三の姉がいる事に気付くと、何故か気が逸《はや》り出す。咳払いに、どうやら小父《おじ》さんが風呂から上がる様子、その後から姉妹の話し声、急ぎ！　穴を探し息を凝《こ》らして覗いてはみたものの、風呂桶に阻《はば》まれ何にも見えない。中学生の二人は、絶好の穴を確保している様子だ。私と正男は、次の穴を探す為に立ち上がったその時、智子の声が響く。

「お父さん、裏で何《なん》かがいごいて（動いて）るガネ!!」

「野良犬でも、いるのか?」、そう応じる小父さんに安堵《あんど》しつつ、そっとその場を離れたが、龍男達が次に向かった坂上の家、それは我家である。確かに！　ここには三人もの年頃の娘が居る。それに、裏庭の囲い板の風呂場は節穴だらけだ。既に湯船に浸かっている様子の一富美は、三歳の千秋に童謡を聞かせている。竹藪の垣根との間の裏道に、四人は重なる様にして節穴を覗くその瞬間に「誰だ!!」、その大声と共に、壁板と屋根の透《す》き間から大量の湯《ゆ》が降ってきた。その湯を素早く躱《かわ》す中学生の二人、そのまま垣根を飛び越え消えていく。情けないのが小三の二人、真面《まとも》に湯を被《かぶ》る勢いに足を溝《どぶ》に捕《と》られ転倒、家から飛び出して来た兄に捕まってしまう。

「お前達、何をしている！」

「み、みみず、みみずだガヤ！　クソダワケガ」

この溝《どぶ》に、川の仕掛けに入れた蚯蚓《みみず》を思い出し、咄嗟《とっさ》の言い訳。御蔭で何とか、この場を凌《しの》いだ。

見慣れた姉達の裸を覗く……その事だが、タツ家《んち》の風呂は外にあり、一方を筵《むしろ》で囲っただけ、そこでは近所の人達の貰《もら》い湯を含め、普段から見ている多くの女の裸。なのに！　あの心臓の高まりは何であろうか。やはり「覗き」は格別なものなのか。

この悪戯に、姉達が気付いていたか否かは定かではないが、節穴が塞《ふさ》がれることもなかった。


冬も本番となれば野山での猟《りょう》シーズン。昨夜からの身支度のままで飛び起き、龍男と彼の同級生、ユキチャン（征男）とで夜明け前に深く闇の山林に入る。

霞網猟《かすみあみりょう》。木々を囲む様に五枚の網《あみ》を張り、その中程に囮《おとり》の籠を置く。仕掛けが終われば、そこからほど近い風下《かざしも》に隠れ待機する。その住処《すみか》では焚き火をしながら、家から持ち寄った薩《さつ》摩《ま》芋《いも》や餅等を火に入れ、途中の畑で抜いたばかりの大根をかじりながら、日の出を待つ。囮《おとり》の目白《めじろ》では、目白《めじろ》・鶯《うぐいす》・十姉妹《じゅうしまつ》・四十雀《しじゅうから》など、ペットの小鳥を捕る。時々、掛かった小鳥を襲って百舌《もず》なども網に掛かるが、その場で焼鳥にしてしまう。だが、山鳩や雉《きじ》では網がもたなく、近くに来れば追い払い網を守ることになるが、猟は台無し。狩り場は秘密だが縄張りがあり、龍男のこの場所は、三〜四羽で大猟、一羽も掛からない事も只《ただ》あるが、ここも三人だけの秘密の場所。二度程は、場所を変えて大池の薄《すすき》の土手で網を張る。この猟では、夕暮れに雀《すずめ》やツグミの薄《すすき》の塒《ねぐら》を一斉に囃《はや》し立てながら襲い霞網に追い込む。雀等は焼鳥にする。

「藁塚荒し」に「風呂覗き」、「霞網猟」は犯罪になり、ただの「悪戯」では済まされない。しかし、「餓鬼」にとっては、「憧れ」であり「勲章もんの遊び」である。

六、小学校四年生

❐本校に通い始めて三日目

　山田達と連れ立っての帰り道、前方に龍男を見掛ける。ところが、同じ学生服の男にペコペコと媚《こ》びを売る様子に、私は思わず立ち止まってしまった。日頃からは想像出来ないタツの態度に、子分として私は大きなショックを受ける。やがて、彼も私に気付き、相手に何やら話し掛けると、手招きに指一本を立て私一人で来る様に指示を出す。だが既にその時には、私はタツの相手がアキチャン（秋男）である事に気付いていた。

「コッケだガヤ！　彩巴《いろは》の弟だガヤ！　四年生だガヤ！」

「その上の由紀も中学校におるガヤ！　一年生だガヤ！」

　秋男の前で直立不動の私を、龍男は色々と、特に相撲や喧嘩では上級生にも負けないこと等、盛んにアピールする。そして、弟以上に可愛がっていることも付け加えるが……さてもさても、恐れながらに目の前で見る彩巴の同級生、中学三年生になったばかりの秋男だが、その大柄で面皰面《にきびつら》の赤ら顔、頭には潰《つぶ》れた雑巾《ぞうきん》の様な学生帽、まるで時代劇の冠《かぶ》り物の様で映画の石川五右衛門に映る。彼は、中二で他三校の中学校を制し、既に伝説の番長である。それに、去年春には隣り村と我等の戦いを終わらせた張本人でもある。

「行こみゃあ（行くぞ）！」、秋男は龍男の話を途中で止めると一言、そして歩き出す。私も龍男に袖を引っ張られながら後に付いて行き、近道の畔道《あぜみち》を抜け平針の町並み飯田街道に向かう。その途中、秋男は民家が密集する一角の駄菓子屋を兼ねたお好み焼屋の暖簾《のれん》を潜《くぐ》る。店内には学生服の三人、ここは秋男達の屯場《たむろば》の様で、彼等は直ぐに立ち上がり秋男に頭を下げると、真ん中の鉄板台を空け片隅《かたすみ》に移った。

「頼まんか！　好きな物」

「姉《あね》さん！　何時ものとサイダー三本」、ほとんど小母《おば》さんだが、「姉さん」と呼ばれた店の人に秋男は注文、次に「卵・豚肉入り二つ」、と龍男が続く。そして、正に！　目の前で焼かれるお好み焼、生まれて今までこんな旨い物を食べた事はない、それもチョコレートとは別！　腹一杯の美味しさである。私は、熱さに咽《むせ》びながら夢中で食べた。その食べっ振《ぷ》りが余程であったのか、食べ終わり秋男に気付くと、呆《あき》れた様子で私を見詰めながら、自分の残りをそのまま私の側《そば》に寄せた。

「姉《あね》さん！　付《つ》け」、サイダーを飲み終える私を待って、秋男がそう要求すると、奥から油で汚れた帳面を取り出し姉さんが何やら書いている。

「待たしとるガヤ！　先に帰るワ」、彼女が書き終わると彼は立ち上がり、まだサイダーを飲み切らない龍男にそう告げ、片隅の三人の挨拶を尻目《しりめ》にサッサと店を出て行った。

「銭《ぜに》は？」、出て行った秋男に支払いが心配になり、思わず小声で龍男に尋ねた。「付け、付けダガヤ、後で一遍《いっぺん》に払うガヤ！」、その「付け」の意味。「付け」で物が買える事を初めて知った瞬間！「アキチャンは凄《すご》い！」、と熱いものが込み上げてきた。そして「怖い」から一変、この日から秋男は私の「憧れ」となった。

ご馳走のお礼も言えないままの帰り道。龍男は何時になく口数が多く、あの無様《ぶざま》な態度を気にするどころか、自分が一目《もく》置かれていることを自慢する。そして、秋男に関しては他校に一人で殴り込みを掛けた事、名古屋中の中学校に名が知れ渡っていること等、盛んにその凄さに触れる。尚、秋男達は天井のある教室で授業を受けることは無く、その活動が外で暴れる事で「青天組」と呼ばれた非行グループ。それに対して授業には出ている龍男は、彼等の一員ではないが、その格好といい、誰よりも秋男に憧れていた。

その日の夕食時。

「コッケ、お前、今日、秋男と一緒だったのか？」

「おみゃーも不良になるガネ！」、「絶対、一緒になるのでないぞ！」、「二度と会わんどって！」

食卓に着くなり中学生の姉二人から、いきなりの抗議。何時もなら二人には負けない様に猛烈に言い返すのだが、ついお好み焼が頭に浮かび、この時ばかりは何故か口答《くちごた》えも馬鹿らしく思え、ただ「ウン」、「ウン」と生返事に終始する。

　翌朝、島田本校の教室でも。

「きんのう（昨日）アキチャンと、あっとる？」

「オオ！　卵・豚肉入りお好み焼、奢《おご》って貰っとるガヤ、クソダワケガ！」

「どえりゃあ（すげー）、どえりゃあガヤ!!」、朝一番で私を待っていたのか、一男は昨日までの警戒的な態度とは逆に、愛想を崩したまま寄って来て、姉達と同じことを聞いてきた。そして、私と秋男との間柄を羨《うらや》んだ。

❐本校の四年生

　地元本校の島田と植田、それに分校の八事（上区）と平針（下区）の合併となる四年生は三クラスとなる。平針組の我々も等しく三クラスに分かれる。四年二組の私のクラスは分校からは十八名。山田は同じクラスだが、正男は四年一組、勇《いさむ》（イイ君）は四年三組。

　本校への通学路。

　天白村の中程、島田にある本校までは我家からは私の脚で一時間十分程、十五分程の分校に比べれば余程の距離を、大道を下った平針交差点を左折して島田街道に通う。此処《ここ》交差点が出発点となるこの街道は、左方向にゆるやかにカーブを描きながら、平針の町並み（飯田街道）と平行して通り、やがて左側に迫る丘陵を通り抜ければ、開けた田畑の真ん中を直線的に走る。

暫くして天白川を渡れば島田地区。そのまま田畑の真ん中を進むと、村役場を挟んで道は二股に分かれる。本校は、右側の役場前通りを進んで間も無く右折、その正面に位置する。因みに、中学校は村役場の左側、島田街道を進んで間も無く左折、その丘陵の中腹に建つ。尚、平針交差点から緩《ゆる》やかに右にカーブしながら進む飯田街道は、山を越えて名古屋へ入る道に対し、島田街道はその山の左の麓《ふもと》に広がる平野から名古屋に通《つう》じる新道。

本校の始業式。

朝、運動場では先生方によるクラス別の案内があり、一旦教室に入るが直ぐ始業式の講堂に向かう。式が終わり教室に戻ると、類は類を知ってか一男達四人が目に付く。

「奴ら、地元の悪!」、と山田から耳打ちされ藁《わら》合戦か何処かで、見掛けた様な気はするが、特別に彼等を警戒することもなく教室で我物顔に山田達とふざけていた。そんな私を片隅から見張る一男達だが、私の心は彼等にあらず! 何よりも初めて教室に入った瞬間から、その心は先生に向《む》かっていた。四年二組の担任は、これまでのお母さん先生のイメージから一変、若くて清楚で明るいお姉さん、そんな女先生である。ところで、一男達だが、秋男との出会いの翌日には意気投合、と言うよりはこの日から彼等は私を「大将」として慕う様になる。それにあの藁合戦では、私の戦いぶりを見ていたそうだ。

本校でも脱脂粉乳だけの昼食は続くが、分校からの生徒は弁当持参。それに四年生からは通学時間や午后の授業など、学校の時間が随分長くなる。そのうえ、担任の先生に心を奪われたとなれば、ここ教室が私の活動の場となっても不思議はない。やがて、普段通りに授業が始まると女先生への思いは益々募るばかり。それにしてもこの気持ち、分校の運動場で今年二月に上映されたチャンバラ映画の子役、松島トモ子に覚えた時以来のもの。それだけに、授業中は静かに先生の話を聞く、そんな日が続くはずだが、ある日の国語の授業でのこと。

黒板には「一石二鳥」と書かれている。私が最も得意とする言葉だ。

「ハイ、読んで、その意味を言って下さい」

「ハイ！」、「ハイ！」、「ハイ！」、先生の質問に私が手を挙げることは無い。何故なら「婆婆」に習った男としては、同級生の競う様に挙手する態度が、余程に子供っぽく思えるからだ。

「ハイ、梅村さん」

「ハイ、いっせきにちょう。一つのことをして、同時に二つを得る、ことだガネ！」

「ペケ！　ペケ！　ペケ！　ケイ子（啓子）はペケだガヤ、クソダワケガ！」

突拍子も無い突然の発言で、啓子の答えを否定したのは私である。それもこのペケ（×）の理由は私の体験による自信に満ちたもの。詰まりは半年前、大道での道草で一人、騒ぐ雀を脅すつもりで雑木の小山に石を投げた。ところがどっこい偶然にも一羽落とす。このことを得意げに由紀に話すと、彼女は「一石二鳥」と漢字で書きながら「まるで、いっせきにちょう、その話の様だ」、と感心する。私も、その熟語に「一石で二羽を一度に落とす」、そんな「一石一鳥」以上の事があるんだ、と彼女以上に感心した。

「梅村（啓子）さんは正解ですが、他に答えがあるのですか？」

先生に、先にそう言われてしまえば彼女が尤《もっと》もで、私の考えは思い込みに過ぎない、と言われている様なもの。

「えこひいき（依怙贔屓）だガヤ、先生はケイ子に、えこひいきだガヤ！　クソダワケガ！」、その悔しさに、私は翻《ひるがえ》って先生に因縁を付けた。

「とろくせゃあ（バカバカしい）！　とろくせゃあ！　先生のえこひいき、先生がえこひいきしとっていかんワ!!」、一男達も私に同調して、野次《やじ》り始めると、教室は俄《にわ》かに騒《さわ》がしくなる。

「授業を邪魔する人は、他の人に迷惑、教室を出て行きなさい！」

その騒ぎに先生の一喝が飛ぶ。だが、此処は一番、さぞかし女先生は私に一目置く事であろう、と一人教室を出て行ってみせる。しかし、先生は知らん振り、戻って来ても知らん振り。


さて、授業中に「教室から出る」。このことは、勉強にはまったく関心のない私にとっても都合がいい事。しかしこの出入り、私一人だけで二日も続くと、さすがに先生から完全に無視されている様なそんな気持ちになり、俄《にわ》かに私は焦《あせ》り始める。そんな折《おり》、深夜の我家でのこと。隣り部屋から兄と大姉の会話に「野豚」や「山嵐」が頻繁に出てくる。その他にも「オールドミス」、「ハゲ鷹《たか》」、「トッチャン坊や」等、面白そうな名前ばかりで、つい聞き耳を立てる。

「挨拶代わりの悪戯よ！　バケツの水を引っ掛けずぶ濡れ、その時のトッチャン坊や、その顔ったら！」

「新任の去年に続いて、今年もかよ！　可哀相に！」

「それで授業は中止。次にどんな顔で教室に出て来るのか！　楽しみだワ」

「悪戯《いたずら》もいいけど、高三では、内申書に響くから気を付けろよ！」

聞く程に、「野豚」等《など》が先生の渾名《あだな》であることは判った。只、男勝りの大姉とは言え、生徒の曲に随分酷《くせずいぶんひど》い「悪戯」が先生に出来るものだ、と呆《あき》れる。

高校三年の一富美と一浪の正文、共に大学受験の年である。二人は勉強に集中する為に、兄は坂下の二階に勉強部屋を借り、空いた兄の部屋には姉が入る。だが、今夜は二人とも姉達の大部屋に居る。この部屋と居間との間の四畳《じょう》半が私と弟の寝所。聞き耳を立てながら、兄達会話そのままに、私は女先生の「あだな」を考え始め、やがて「ソバカス」と決める。

色白な女先生。その目元から頬《ほ》っぺに散らばる「ソバカス」、それは「赤毛」の「アン」の
それに似《に》て、その思いに因《ちな》んで「ソバカス」と命名。それも、父の部屋が埋まる程に「本」が
あり、その本棚の片隅に物語『赤毛のアン』がある。分厚い表紙に描かれてた一人の少女、本
を開いた事はないが、不思議な感覚の愛くるしさを、その表紙のアンに覚えていた。

翌朝の教室。

私は、誰よりも早く教室に入り、布地に花柄の「飾り箱」を教壇に置いた。その後、次々と

教室に入って来る者皆が、不思議そうに箱を見詰めながら席に着く。やがて、先生が教室に入り教壇に立ち、「飾り箱」に目を配りながら朝礼。礼が済《す》む早々に皆に尋ねる。

「誰の箱ですか?」、返事があるはずもない。「何でしょうね……」、そう言いながら、左手で箱を押さえ右手で蓋《ふた》を開けた途端!　教室は悲鳴に包まれる。何という事か!　箱からは数匹の蛙《かえる》が飛び出す!　蜥蜴《とかげ》が走る!　バッタが!　毛虫が這い出す!

「コラ!!　山岡、あんたの仕業ね!!」

女子達《たち》の泣き声で我に返るや、そう叫びながら先生は廊下側の席の間を走り抜け、後ろの壁板に掛かる箒《ほうき》を取るや、猛烈な勢いで窓際の後部席に迫り、廊下への逃げ場を塞《ふさ》がれ戸惑う私に襲い掛かってきた。箒《ほうき》は二度ほど強く当たる。私は、堪《たま》り兼《か》ね思わず机の上から窓越しに外へ飛び出した。そのまま振り向くと、先生は窓から睨《にら》み返してくる。

「ソバカス!　おいソバカス、おみゃあわソバカスだガヤ!　クソダワケガ」

追って来られないことで一息付くと、箒《ほうき》で打《ぶ》たれたことに腹が立ち、つい飾り箱の底《そこ》に書いてしまっておいた「ソバカス」を叫んでしまった。その「渾名《あだな》」に、教室の中からも笑い声が漏《も》れてくる。すると、先生は私のランドセルと飾り箱を持って教室を出て行ってしまった。

「かたすガヤ(片付けろ)!　クソダワケガ」、直ぐに教室に戻ると、私は不機嫌のままに怒鳴った。何《なに》をするか分からない、そうした畏怖《いふ》の念を起こしての事であろうが、誰一人欠けることなく、蛙等の処分や雑巾掛《ぞうきんかけ》等、私の命令に従った。

二時間目の算数の授業。

先生は教室に戻って来たが、誰とも顔を合わせることもなく、黒板に向かったまま淡々《たんたん》とチョークを走らせる。その様子に私はただ黙ったまま、そしてずーっと悔やみながらその日を過ごす。この飾り箱事件、「悪戯」に違いないが何処《どこ》かを間違えた。女先生を思ってした事が……あの蛙や蜥蜴《とかげ》等は先生へのサプライズ、飛びきり早起きして通学前に採取したもの。それに、あの飾り箱は由紀が大切にしている飛びきり奇麗《きれい》な箱、先生へのプロポーズ。

その日の夕食時。

「箱！　返せ、泥棒!!」

「ダチ（友達）にちょこっと、貸しとるだけだガヤ！　クソダワケガ」

由紀の「私が犯人だ！」、と決めてかかる迫力に思わず吐《は》いてしまったが、明日には必ず返すと約束してその場を凌《しの》いだ。それに、持って帰れなかったランドセルは帰宅早々、母には「畑仕事の手伝いに、島田の一男家《んち》に預けたまま」、と先手を打つ。しかしながら、家に帰れば学校から引きずってきた感傷的な気分は一変、何が何でも明日には「飾り箱」と「ランドセル」を取り戻さなければ、と女先生との対決を決意する。

翌朝の教室。

不機嫌を引きずったまま、淡々《たんたん》と言うよりは全《まった》く私を無視した様子で、女先生は教壇に居る。謝って返して貰《もら》うなぞとは、男としての沽券《こけん》に関わること、到底出来まい。しかし、他に方法もなく途方に暮れたまま午前中の授業が終わる。

午后一の職員室。

「富永先生から頼まれとる忘れ物を、取りに来たガヤ！」

「それは、それは、ご苦労さん」、同クラスの敏男は、職員室の入口から扉《とびら》が開いたまま奥の部屋に座る校長先生に、大きく声を掛けその許可を取る。忘れ物とは、私の「ランドセル」と「飾り箱」のこと。それらは女先生の机の後ろ、ガラス窓の戸棚に保管されている。彼は真っ直ぐそこに向かい、取り出して抱えたまま入口に戻ると、校長先生に深々と一礼。

その三十分程前、昼休憩の教室。

女先生に呼ばれていた敏男は職員室へ行く。そこで、たまたま戸棚の中のランドセルを見つける。彼は教室に戻ると、そのことを私に告げる。そして、取り返す事までも買って出る。早速、二人は午后一の授業が始まると、女先生とは擦《す》れ違《ちが》いに教室を出て職員室に向かう――。

チビで生意気な敏男（トシ）は、何処《どこ》かコウ坊に似て、それもなかなかの知恵者である。彼は地元の「悪《わる》」であり一男達の仲間だが、この日から私の第一子分を名乗《な》る様になる。こうして私は、龍男の如く「村の餓鬼大将」ならぬ「教室の餓鬼大将」となる。

❐土曜の半休日

今日も、地元の一男達四人と、天白川に仕掛ける誘い餌《えさ》のザリガニ捕《と》り。その最中、田《た》んぼの畔《あぜ》から島田街道を見上げると、明美《あけみ》姉さんが背の高い男と寄り添いながら歩いて来る。やがて、二人は街道を右に離れて山道に入る。彼女は坂下の二郎の姉、この春女子高校を卒業して、ここ天白村の役場に勤めたばかり。

「アベックだ！」、そう思い私は咄嗟に後を追う。それに気付いた四人も直ぐに餌《えさ》の入った籠を隠し、私の後に付く。こうした下校途中の私と地元の彼等は、この頃には何かと徒党《ととう》を組み、学校の外で遊ぶ様になる。

一男（カズ）は地元四人組ではリーダー的存在、鶏場《けいじょう》を営む農家の次男。

勝彦（カッチャン）は勤め人家庭の長男。

真人（マット）は指物屋《さしものや》（窓枠・襖《ふすま》・障子《しょうじ》等の木工）の長男。住処《すみか》作りでは板切りを持ち出す等、何かと重宝《ちょうほう》。

敏男（トシ）は、本校近辺の三人に対して家は遠く、中学校の裏山と聞くが家族事情は不明。

「アベック」の後を付けて十五分程。二人は上り途中の山道を右折、草の脇道からは段々畑の頂上、見晴らしが利く土手の上に出る。我々は脇道の手前の道なき雑木林から一段下の土手に出て身を隠した。やがて、二人は土手の中程《なかほど》に腰掛け、肩を寄せながら楽しそうに話している。暫く様子を窺《うかが》いながら、男の手が彼女の肩に回った一瞬を突いて、隠れていた土手の上に飛び上り、アベックを見上げて大声で歌い出した。四人も続き大合唱となる。

「いち（一）は、芋屋《いもや》の姉《ねえ》ちゃんと、にー（二）は、肉屋の兄《にい》ちゃんが、さん（三）は、猿股引き抜いて――」、この数え歌は色事を「しー（四）は、しっかり抱《だ》きついて。ご（五）は、ごろりと横になり」、そして、ろく（六）からはち（八）へと続き、「ここのつ（九）、子供が出来ちゃって、とう（十）で、とうとうバレちゃった」、で終わる。それこそ娑婆《しゃば》では子供達も歌っている。男子《おとこのこ》の沽券としては、女子《おんなのこ》を好きになること、一緒に遊ぶことは恥ずべきことであり、「ウンコタレ」同様に、相手を侮辱する方便として歌われる。だが、私にとってこの歌は、幼稚な方便《ほうべん》としてあるはずもなく、微妙な歌として「アベック」をからかう事になる。

突然の大合唱！　二人は飛び上がって驚き、やがて卑猥な歌に見る見る顔を赤らめるが、子供の仕業と気付くと態度を一変。

「コラー何をするか、餓鬼どもが!!」、男は大声で叱り飛ばし、立ち上がると睨《にら》み返し、手当り次第に石を拾い投げ付けてきたが、既に我々は逃げ出しており、そのまま山道の草陰で、再び二人が現れるのを待った。

私の悪戯は突発的に始めることが多く、今日も一男達四人は、何をするのか興味津々と、私を追い掛けて来る。暫《しばら》く待つと、「アベック」も山道に戻って来た。そして、後《うし》ろを確かめる様にして上り始める。ところで、我々が歌ったのはさん（三）番まで、肝心《かんじん》なところがまだ歌えていない。その思いに駆られながら草陰に身を低くして後を追う。やがて、下り坂に差し掛かると右折……二人は山林が切り開かれた木材置場に入った。

入口から木材が積まれた場所までの間に、二本の太い丸太が丁度ベンチの様に置かれている。そこに二人は今にも座ろうとしている。ここは一刻も早く歌わなければ、と木陰からその瞬間を狙い一斉に、しー（四）から前にも増して大声で歌い出すが相手も早かった。男は、予《あらかじ》め用意していた太い枝木を振り向き様《ざま》に掲げ、唸り声と共にこちらに向かって突っ込んで来る。その勢いに五人は、木々の合間を蜘蛛《くも》の子を散らした様に逃げる。だが、男のターゲットは一人、転がる様に逃げ回る私だが、遂には崖淵に飛び落とされる羽目に。それを見届ける様にして男は戻って行った。しー（四）も歌い切れずにこの有り様。だが、男が怖くなって悪戯を止《や》める程私は柔《やわ》ではない。増してやこの掠《かす》り傷《きず》！ よけいに意地になり心配する四人を余所《よそ》に次の作戦に出る。そもそも、この辺りは勝手知ったる我庭。そこで、三度目はアベックを待ち伏せすることにした。

木材置き場から山道を更に二十分程進めば溜め池がある。二人は必ずそこに行くと踏み、近道に山道を外し山林や田畑の道なき道を一直線に進む。

「アベック」はまだ来ていない。そこで池の土手下の薄《すすき》に身を隠して待った。案の定、二人はやって来た。そして、土手の中程まで歩き、後ろに気を配りながら座る。我々は先程の逃げ遅れを警戒、暫《しば》らく二人の様子を見ることにした。

明美姉さんは、弟を苛《いじ》める龍男を叱り付ける程に勝気な女性。軟弱な二郎と比べて何かと利かん坊の私だが、よく褒められる。龍男は、彼女を「あけみ」と呼び捨てにするが、私は二郎を真似て「姉ちゃん」と呼んでいた。そんな姉さんの恋人、この男には何《なに》かと嫉妬《しっと》らしきものを覚える。

さてさて、二人は座って黙ったまま妙な雰囲気に、男の腕が姉《ねえ》さんの肩に回り……私は見てはいけない事を見ている思いに突然！　心臓が逸《はや》りだし、その息苦しさに思わず土手を這《は》い上がっていたその私に気付いた二人は咄嗟《とっさ》に離れてそのまま向き直り、睨《にら》み付ける。しかし、直ぐに男の顔は和《やわ》らぎ、そして笑い出した。

「坊が、山岡さん家の悪餓鬼《ち》かぁー、噂には聞いていたが！」

呆然《ぼうぜん》とする私に男は声を掛けてきた。そして、再び笑いながら立ち上がった。デートを諦め、やがて二人は山道に出て下り出す。すっかり気勢を削がれた我々も仕方無く押し黙ったまま、少し離れてその後に付いて行った。

「小母《おば》さんに、言い付けてやるガネ！　今度したら警察だガネ！」

お姉さんは怒りが収まらないのか、振り返っては色々と文句を言い続け、男も一緒に振り返るが、私を見詰めて笑うばかり。その仕種《しぐさ》に掠《かす》り傷の憾《うら》みも彼女への嫉妬《しっと》もすっかり忘れ、男が好《い》い人に思えてきた。

山道から島田街道に出た頃には、日はだいぶ傾いていた。二人は街道に出ると左へ、バス停

（役場前）に向かう。私は右へ、一男達と別れ小走りのまま家路を急いだ。

教室では「飾り箱事件」以後も、授業中にふざけたり他の生徒にちょっかいを出したり等、授業の邪魔となる私の振る舞いに対し、女先生は決まって教室から追い出す。又、無断で教室を出たりもするが注意される事もない。勿論《もちろん》、問題を当てられる事もない。宿題を提出する事もない。そんな毎日が勝手放題の私だが、学校への拘《こだわ》りはある。三年生から続く無遅刻無欠席、授業は受ける（途中退場も次の授業には必ず出る）、テストも受ける。こうした拘《こだわ》りも裏を返せば、学校はそうしなければならないところだと、承知しているからである。それに、前に座る優等生のヒロ君（中島宏《ひろし》）の百点を見ながら大いに感心したもんだ。只、毎日が忙しい通学途中、お陰で授業中は休息や居眠りの時間になる。又、考えに耽《ふけ》る時間でもあり、川での仕掛けのこと、一男家の田んぼの傍《かたわ》らに作った生け簀《す》のこと、それに秘密の住処《すみか》の工夫《くふう》等、授業中に静かにしている時間も結構多い。ところが、急に教室を追われた事への仕返しを思い出し、教室の戸口に黒板消しを挟《はさ》んでみたりもするが、敵も然《さ》る者、そう簡単には引っ掛《かか》らない。こうした女先生への悪戯は必ず一人で行う。そして「ソバカス」と呼ぶのも私だけのこと、敏男でさえ決して口にすることもなく「おんな先生」と呼んでいる。

突然！　だが、トシ（敏男）の噂を耳にする。何時も一緒の彼だが、思うに謎《なぞ》ばかりの男である。

脱脂粉乳だけの給食は続く。分校組は弁当持参だが家が近い地元組は、一旦帰り自宅で昼食を済ませる。そんな昼休憩、教室を出て行くものの、欠食する生徒が四年生だけでも数人、噂ではその一人が敏男である。どうやら、私のランドセルを取り戻したあの日、彼はこの件で、女先生から職員室に呼ばれていた様だ。こうした欠食児童の敏男に夜逃げしたコウ坊が重なり、朝から心配している最中、今度は真人《まさと》から別の噂話が持ち上がる。

「トシを好《すい》とる女子《おんな》が、このクラスにおる（いる）！　と言うだガヤ！」

朝、教室に入るなり真人は興奮ぎみにそう告げてきた。我々餓鬼にとって、女子《おんな》に好かれることは男《おとこ》の恥。この噂も敏男の沽券《こけん》に関わる事だが、この日ばかりは彼をその件で質す気には到底なれない。

「皆！　弁当すけなく（少し）よこすガヤ！　クソダワケガ」

その日の昼食時、脱脂粉乳を飲み終わり、敏男が教室を出るのを見届け、私は弁当組にそう命じた。そして、私の弁当の蓋《ふた》を手に、飯《めし》と御菜《おかず》を少しずつ徴収し始めた。すると地元組のはずの勝彦も、自分の弁当の蓋《ふた》を持って私に従った。そもそも、誰の為とは一切言わずの徴収だが皆は協力的であった。

教室から裏庭に出ると、花々に隠れて花壇の縁に腰掛ける敏男を見つけ、早々に山盛りの弁当を勧めた。

「トシ！　食べりゃあーか！　弁当持ってきたガネ」

「……」

「すけなく（少し）里子にも分けりゃあー！」

「……」

「食べんかったら、教室には絶対入れんだで（から）、そう思え!!　クソダワケガ！」

突然、現れた私と勝彦に驚いた様子の敏男だったが、弁当の勧めに返事はなく無言のまま。

それに、直ぐに反対側の花壇に座る里子にも気付き、弁当を分けることも勧めてみた。しかし、敏男は黙り込んだまま、逆に弁当を睨み付ける目には敵意すら感じる。あからさまな拒絶であるが、仲間に対してまで「乞食《こじき》ではない」、という意地っ張りに私も切れ、つい大声で脅してしまう。だが、直ぐに勝彦に宥《なだ》められると、敏男とコウ坊が再び重なり、私の怒りは決して彼に対するものではない、と思い直す。やがて、里子のことも気になる。彼女は分校での同級生、弁当組のはずだが……。

「たーけ！　トシ、おみゃーを好《す》いとる女子《おんな》がおると、皆が言っとるガヤ！　クソダワケガ」

「デマ、デマだガヤ！　里子なんか知らんガヤ！」

「自分で言ってまったたガヤ！　里子だと、皆にバラスガヤ！　クソダワケガ」

「……」

「食べれば、だましかる（黙っている）ガヤ！」

「……」

案の定、男の沽券に関わることでは敏男は直ぐに反応する。そして、同じ所を誰かに見られた事での噂、と気付いた彼は彼女の名前を口にしてしまう。こうなれば、里子を出《だ》しに敏男を恐喝することになる。こうした脅《おど》しが彼に利かぬはずがない。彼は黙ったまま、私から弁当の蓋《ふた》と箸を受け取った。勝彦も里子の横に自分の蓋《ふた》に箸《はし》を据《す》え、そっと置いた。

弁当の徴収は二日間、二回で終了。三日目からは、二人とも弁当持参で教室に残る。恐らく、この弁当は女先生が手配したものであろう。敏男のことだけにあの日、職員室に呼ばれ「欠食」を先生から問われ、頑固に否定したことは大凡《おおよそ》見当が付く。そして、そのことに触れられた腹癒《はらい》せに、私のランドセルを取り戻す事に協力した、と勘《かん》ぐりたくなる様な男だが、今度ばかりは素直に女先生に従っての弁当持参であろう。

この日。弁当を食べる敏男の後ろ姿を一年生からの友人、誰よりも敏男を知る勝彦だが、人知れぬ笑顔で見詰めていた。恐らく、弁当組でない彼の弁当は、敏男の為の物でなかろうか。

翌日。教室では欠食問題はどこ吹く風、朝から敏男の沽券に関わる噂が高まるばかり。

「誰だガヤ、おみゃーを好いとる女子《おんな》は？　クソダワケガ！」

真人に促《うなが》され、私は敏男に直接聞いてみた。勿論《もちろん》、里子の名前は出せないのだが……。

「そうだガヤ！　おみゃーを好いとる女子がおる、と皆が言っているガヤ！」

私の気のない質問に飽き足らず、今度は真人自《みずか》らその噂を質《ただ》さん！　とばかりに強く敏男を問う。

「とろくさ（バカバカしい）、そんな女子《おんな》おらんだで（だから）、クラス中の女子《おんな》に聞こみゃあか（聞いて見たら）」

意外にも、冷静な敏男の対応である。私は、何も知らない真人をよそに、この噂には既に興味はないのだが何故か？　クラスで一番女子に好かれている男子を知りたくなる。そこで敏男の返答に便乗《びんじょう》、女子全員に「好きな男子」を聞くことにした。ところが、硬派を旨に女子をさけてきた我々には、その女子の扱い方が判らない。その上、恥ずかしい事を聞くとなると、誰が聞きに行くのか？　問題となる。

「おみゃーが聞くガヤ！」

「……」

「そんだもんで（そんなことなら）！　オレが聞くガヤ（聞いてやろうか）？」

噂を暴《あば》きたい真人だが、女子との関わりとなると知らん振《ふ》り。ところが、噂の張本人である敏男が突然その役を買って出る。しかし、彼に任せては茶番劇、真人自身がやるしかなくなった。

「・・・トシを好いとる女子は誰？　だガヤ……」

敏男に促《うなが》され、二時間目の放課になって漸《ようや》く女子達に尋《たず》ね始める真人だが、その恥ずかしそうな聞き方では、ただ舐められるだけ。

「誰も、言わんガヤ！」

「言わん!!　だったら女子《おんな》を皆、倉庫に入れるガヤ!!　言えば出すガヤ、クソダワケガ！」

三時間目の放課。真人からの報告に、言わずとなれば言わせるだけ！　こうした脅《おど》しとなれば私の出番。閉じ込める倉庫は校舎の入口、下駄箱の並びにある。

昼休憩。体育の授業の前に運動場に集まってくる女子達を、倉庫に入れる様に男子に命じた。それが如何《どう》したことか！　単に促《うなが》すだけで彼女達は自《みずか》ら倉庫へ入って行く。その様子に一抹の不安が、もし私の名前が出たら男どころか大将としての沽券に関わる。直ぐに止《と》めようと思ったが倉庫の扉は閉じられた。

「好きな男子《だんし》の名前を言うよと、皆が言っているがネ、ちゃっと（さっさと）開《あけ》てちょう！」

閉じると、直ぐに啓子からの返事。

「中島君」、「中島君」、「中島君」、「中島君」、「中島君」──

倉庫から一人ずつ出て来る女子に、自分の名前が呼ばれる事を心配する男子達を尻目に、この騒《さわ》ぎを誰もが楽しんでいるかの様に、同じ名前を口にする。「中島」はヒロ君の名字である。

私の名前が出なかったことでは胸を撫《な》で下ろすも、ヒロ君が羨ましくもあり嫉妬心すら覚える。だが、そんな事よりも女子ども、今日の今日まで幼稚で小便臭いと卑《いや》しめていた同級生。だが、今日の男子との関わりでは、女子の方が余程の大人、そう思い知らされ敗北感さえ覚える。

翌日。一男は女先生から昨日の事《こと》を色々聞かれる。その際《さい》、女子達が私の告げ口をいちいち先生にしている様だ、と知らせてきた。そもそも「飾り箱事件」以来、教室を支配していると自負していたが、どうやら私の思い上がりの様だ。昨日の敗北感に今日の告げ口、そうであれば、教室の支配を取り戻す為に、再び女先生と戦わなければならない。

眠れぬ日が続いた三日目の夜更け。姉達の部屋から聞き馴れた渾名《あだな》と共に、調子よい響きで、その言葉が私の耳に入ってくる。「ボイコット」、やがてその意味が知りたくなり聞き耳を立てた。大姉の話では、担任のオールドミスが一部の学生に予《あらかじ》めテストの問題を知らせていたらしく、その抗議に多勢の生徒が教室を出て、外から一斉に非難の声を上げたとの事。詰まり、授業を「ボイコット」して抗議をしたという事の様だ。一人で授業をサボることに比べ、先生に授業をさせない「ボイコット」が、どれ程クラスにとって衝撃的《しょうげきてき》なことであろうか！　考えるだけで私はすっかり興奮してしまった。

二日後。二時間目の国語のテスト、普段は書けるところは書いて出すのだが、この日は前の座席のヒロ君にカンニングを強要。答案用紙を横にずらし、背後から見える様にさせ、その「答え」をそのまま写して提出する。

翌日の国語の授業。女先生は、テスト用紙の名前を呼びながら一人ずつ返していく。私は全てが丸（正解）だが、案の定！　点数は0点、作戦通りである。そもそも、授業の「ボイコット」には第一にそれなりの理由、大義名分が必要である。しかし、生徒に対する依怙贔屓《えこひいき》等、先生が決《けっ》してしてはならない非難すべき事は、すぐに思い付くのだが、女先生にはその「非」が見当たらない。そこで、テストに託《かこつ》けその「非」を仕掛けたのである。

「ソバカスの依怙贔屓《えこひいき》!!　一緒の答えでヒロは百点、オレは0点！　クソダワケガ」

ヒロ君の百点を確認して直ぐに、私は大声で大義名分を唱え、続けて授業のボイコットを宣
「依怙贔屓に反対だで（だから）、国語の授業をボイコット、ボイコットだガヤ！」

言した。その突発的な私の行動に何が起こったのか？　……女先生もただ唖然としたままで私を見詰めているだけ。

さて、授業の「ボイコット」にとって第二に肝心なことは、私一人では意味がない事にある。そこで、予《あらかじ》め一緒に教室を出る協力者が必要となる。この陰謀に尻込みする一男達だが、クラスの女子に舐《な》められた先日の件を理由に、男子の面子《めんつ》の問題として口説き落とす。

「皆、教室を出よみゃあー！　国語の授業のボイコット、ボイコットだガヤ！」

私の命令に十三人程の男子が立ち上がり、教室を出て窓の下に陣取る。

「依怙贔屓《えこひいき》、反対！」、「依怙贔屓《えこひいき》、反対！」、そこから教室の女先生に向かってシュプレヒコールを浴びせた。やがて、我々を睨み付けていた女先生だが教室を出て行きデモは成功——ところが「何事か!!」、と両隣の教室の窓から大勢が我々を眺めている。その様子にク

ラスを越えて事《こと》が大きくなる事を、私は咄嗟に恐れた。

「直ぐ、教室に戻れ！」、四年一組の窓から先生の怒鳴り声。正に！　心配が的中。先生は白髪交じりの角刈り、ガッチリな体格、その格好だけでも恐い。このまま逃げる事を考えたが、直様《すぐさま》戻る一男等《ら》を追って教室に戻った。やがて、男の先生が入って来ると覚悟を決める。ところが先生は「静かに自習する様に」とだけ言い残し、直ぐに教室を出て行った……ホッと一安心。

静かな自習の教室。只、ヒロ君だけは真っ赤な顔を覗《のぞ》かせ、俯《うつむ》いたままで居《い》る。反省するに彼は実に優しい男であり、教科書のことは何でも彼に聞くのだが、それこそ丁寧に教えてくれる。あのカンニングでも急いで解答を終わらせ、見易い様に工夫して呉《く》れて居《い》た。それなのに、恩を仇《あだ》で返す様な仕打ちに嘸《さぞ》かし私を恨《うら》んでいる事であろう。そんな後味の悪さを引きずったまま、三時間目の授業が始まる。再び女先生は何事も無かった様子に教室に戻り、淡々と授業を始めた。

教室では、ヒロ君を気遣う静かな日が続くが、教室の外では忙しい日々が戻《もど》る。近頃ではよく、我々の生け簀《す》が何者かによって荒らされる。又、秘密の住処も何時の間にか無《な》くなっている。この生け簀《す》は、一男家《んち》から許されたものであり、「悪戯」でないだけに犯人には余計に腹が立つ。しかし、住処が片付《かたづ》けられた事には諦《あきら》めも早い。早速、生け簀に綱を張り盗難防止。それに魚の補足や新地での住処作り、またまた昆虫採集と、我々の外での「遊び」に暇《いとま》もなくなる。

❒時代は、急速な経済成長期へ――

戦後の食糧難は既に緩和され、多くの国民は、それぞれの仕事で現金収入を追求することになる。この年、母は予《かね》て用意していた「卵の卸し売」及び「卵の配達販売」を始める。こうした我家の暮らしも大きく変わる事になる。

母の起業は、市役所に勤める正男の伯父（二軒長屋の一軒目）やマサチャン家《ち》（集合住宅の一軒目）の両隣を始めとして、近所の兼業農家（勤めと農業の兼業）にバタリーケージ形式の養鶏を奨励《しょうれい》し、そこから仕入れる卵を、天白・八事区の住宅街では配達販売、商店街では肉屋等への卸しに充てる。又、大学受験（浪人の正文、高三の一富美）と高校受験（中三の彩巴）を控えて、兄姉達の家事当番も極力抑えられる。その為、兄が世話していた山羊は昨年の秋に、鶏は今年の一月には処分。畑仕事では薩摩芋、大根、白菜等を栽培していたが、多少の夏野菜の畑を残すだけになり、肥やしの汲み取りも業者扱いとなる。又、台所では焜炉《こんろ》、井戸からの水道、手回し絞りの洗濯機等、家事負担も軽減される。相変わらず、私の家事手伝いは無いが、母の商売の関係で、時々マサチャン家《ち》のバタリーケージの掃除を手伝う事にはなる。

マサチャン（稲垣正博）は大学二年生、地元の高校では兄の先輩。長男の彼と郵便局に勤める父親、それに母親と中二に小三の姉妹の五人家族。こうした兼業農家のマサチャン家《ち》は、一家は揃って通勤・通学前の早朝から農業・養鶏に励んでいた。

この夏休みから週に一度の日曜日には、私は隣り村の校長先生の習字塾に通うことになった。嬉しい事では、小学生の三人と両親との三泊四日の海水浴。ここ、武豊の親戚には四人程、小学生の従兄弟《いとこ》達も来ており、賑やかな夏のバカンスはこの年から恒例行事となる。

さて、経済成長に伴い子供達の生活も学校が中心となる。そうなれば学業の成績、通信簿が気になるところだが、その四年生の学業の成績や生活態度等、女先生がどの様に評価し、生活の欄には何が書かれていたのか、今となっては是非知りたいものだが、何故か五年生と六年生の通信簿は、保管されてきたものの四年生以下では全く残っていない。只、四年生ではその大方を私自身が自覚している事、改めて母に聞く事もなかった。三年生の担任は母よりずーっと年上の女先生、教室ではそれなりに教わった思いはあるが、まずは「読み書き、ソロバン」。これまで家で机に向かって漢字ドリルや計算ドリル等で勉強した記憶が無い。それらしきことと言えば、三年生では掛算の「九九」をその調子のよさに合わせ、歌を覚える様に母や姉達から教わった事。それに二年生では「いろはカルタ」や「偉人カルタ」をゲームに勝ちたいばかりに覚えた事。以下にその「偉人カルタ」の一部を記憶のままに紹介する。

『ふ』　フォードは自動車の王、システムの王

『あ』愛の先生、ペスタロッチ
『わ』ワシントン、切った桜に花が咲く
『し』じゅう（十）人の訴えを聞く、聖徳太子
『た』ダーウィン、小さい時は平凡人、大きくなったら大学者
『は』和算の父、関孝和
『さ』散歩さえ几帳面なる、哲人カント
『へ』ベートーヴェン、月光の曲で世を照らす

そして習字では、先生が書いた手本を写生、その上から赤墨で先生に「直し」を貰う。その写生と「直し」を何度か繰り返し、「直し」から二重丸が付《つ》けば練習は終了。ところが、校長先生は「元気だ！　元気な字だ」、と「直し」の度《たび》に褒めてはくれるが口だけで、なかなか二重丸を呉《く》れない。外に仲間を待たせている事も多く、それだけに気が逸《はや》り時間が経《た》つ程に習字は乱暴になる。だが、「天晴《あっぱ》れ！　天晴れな字だ」と夏休みが終わる頃には褒められ、誰よりも早く二重丸が貰《もら》える様になった、というよりは貰《もら》える様にした。私は写生する方法を変えた。一回目の赤墨で直された写生用紙、その上に二枚の白紙を重ねる。上の用紙には手直しの多少の赤も滲《にじ》むが、直された文字が薄く写る。その上を黒墨でなぞれば、その赤も黒の下に消える。正に！　写生となる。この密かな方法は実に愉快であった。

「『人』と言う文字、人は誰かに支えられて初めて生きていける。右の支えを外すと、人は倒れる。その支えは太ければ太いほど良い！」、手本や「直し」の度《たび》に入る校長先生の独《ひと》り言《ごと》の言い様が可笑しく、つい耳を立て漢字に目を遣《や》り、成る程と頷《うなず》いてしまう。

お陰でサボる事無く習字を続けていく事が出来た。

❐夏休みの事件

この日は、山田が家から持ち出したタイヤのチューブを浮き輪に、大池で正男を誘って水浴に行く。暫く浮き輪で遊んだ後、チューブを正男に渡し、私と山田は競泳の為にコンクリの放水塔に泳いで向かった。この塔から土手までは直線で二十メートル程、その間は擂鉢《すりばち》状で深く、格好の競泳場となる。そこを往復で二回、負けた私は一人塔の上で休んでいた。

浅瀬から、正男がチューブに跨《また》り手で水を掻きながら向かってくる。塔までは五メートル程、私が声を掛け彼も手を上げ応じた途端！　彼はバランスを崩して背中から水に落ち、その勢いで浮き輪が飛ばされる。その一瞬！　「マサは泳げない!!」、咄嗟に！　「しがみつかれるな！後《うし》ろに回れ！」、水泳訓練での兄の教訓が頭を掠《かす》めると同時に、私は飛び込んでいた。背後から溺《おぼ》れ踠《もが》く正男の下に潜《もぐ》り片足を掴《つか》むと、そのまま浅瀬の方向に押し上げ、又、離れては潜り片足を掴み押し上げ、繰り返す事三回、四回目には底に足も届き踏ん張って、より遠くに投げること二回、やっと背も届き彼の前に立った。その途端、彼は私の首にしがみついてきたがもう大丈夫、そのまま胸の水位まで歩き、彼が落ち着いたところで首の手を解《ほど》く。流された浮き輪も山田の手で戻ってきている。

「もう、立っとるガヤ！」、そう声を掛け、解《ほど》いた手を放すと彼は再び溺れ出し浮き輪にしがみつこうとする。その様《さま》に思わず吹き出し再び手を貸す。やっと水面に立ち上がった正男だが、咳き込みながら水を吐き、泣きべそをかき始める。ここは、誰かに見られてはまずいと早々に引き揚げ、去年の夏に作り放置したままの住処に行くことにした。

大池の向こうの田畑の中の一軒家まで、山田家《んち》にチューブを運んだ帰り道。夕方近くなると涼しく、田畑に人が戻って来る。しかし、その人達の此方《こちら》を見る様子が何処《どこ》となく怪しい。そう思いながら無頓着に喋《しゃべ》り続ける正男を余所《よそ》に、私は思い当たる節《ふし》を探し始めた。

「そうか、大池は今年から水泳禁止……そのことか？」、用水路の整備でその役目を終える大池は、同時に水浴も禁止となった。只《ただ》、去年までは水泳場、泳ぐ事がそれ程問題になるとは思えないのだが。

「そうでなければ、溺《おぼ》れて泣きべそをかいているマサを見て、私が苛《いじ》めたと勘違いされたのか？」、そうだとしたら、お婆さんが酷《ひど》く怒っている事であろう……仲間の正男を苛《いじ》めることなどあり得ない事なのだが、そう思われるのも日頃の行いの所為《せい》と半ば諦める。この様な心境は、女先生との戦いの後の空しさ、その反省に伴う自業自得の念であり、このところの私の心境である。只《ただ》、「話せば判ること」、と正男にそのことで釘《くぎ》を刺《さ》すこともなく別れ、そのまま勝手口から入ると直ぐに、後からお婆さんが入って来た。

「違うガヤ！　苛《いじ》めてないガヤ！　クソダワケガ」、そう叫ぶと同時に母が土間に下りて来る。

「もう、逃げられまい！」、正男への「苛《いじ》め」の誤解は解けても、水泳禁止の大池に誘って溺れさせた罪は残るだろう。そう観念し直ぐに謝ろうと頭を下げた。

「有難うなも！　よう助けてちょうだいた!!」、その途端に下げた頭がいきなり撫《な》でられ、思ってもいない言葉をお婆さんから掛けられる。

「よう助けてちょうだなも!!」、続く感謝の言葉に頭を上げると、小母《おば》さんが卵《たまご》や西瓜《すいか》でいっぱいの籠《かご》を両手で持ち、にこやかに立っていた。

❐二学期が始まる

学校や勉強に縛られる事のない私にとって、夏休みとのけじめをそれ程に感じることもないが、一男達とは夏休み中、生け簀《す》の世話等でそれぞれが会う事があっても全員が揃うことはなく、今日の始業式はそれが嬉《うれ》しい。それに、久し振りに会う同級生達、特に女子《おんな》は随分大人に見える。席替《せきが》えでは相変《あいか》わらず一番後ろ、その前にはヒロ君に代わって、お河童から三つ編みに髪型を変えた啓子が座る。学級委員の彼女は、倉庫に閉じ込めたあの時以来、何かに付《つ》けて私に意見するただ一人の女子《おんな》である。

夏休みの話題も途切れる頃。午前の国語の時間に突然！「お下《さ》げが触《さわ》りたい」、そんな衝動に駆られる。それは、あまりにも恥ずかしい事と踏み止《とど》まるが、つい髪型を冷やかす事になる。たまたま机の中には、置きっ放しの工作用の鋏《はさみ》があった。私は彼女の後ろからその鋏《はさみ》を使い、片方のお下《さ》げを軽く叩《たた》き揺《ゆ》らせてみた。

「おそがい（怖い）こと！　止《や》めりゃあ!!」

「たーけが！　姉《あね》さんぶりゃあがって！　とろくせゃあ髪、切ったるガヤ！　クソダワケガ！」

鋏《はさみ》で切る真似をする、そこまでの筈が！　振り向き様に睨み付け叱咤《しった》する彼女の態度に思わず反発、そのまま片方のお下《さ》げを掴み、ギザギザギザと三センチ程、本当に切ってしまった。パラパラパラと落ちる髪に驚いた彼女はそのまま幼子の様に大声で泣き出す！　たった三秒程の事件《こと》。「何ごとか！」、と教壇から女先生が駆け出して来るが、その勢いよりも早く、ランドセルを抱えると私は教室を飛び出していた。そして暫くは学校の周《まわ》りをうろつきながら昼休みを待った。

校内に戻り、教室を追い出される何時もとは違う思いに、教室の様子を窓越しに窺《うかが》う……静かに皆は弁当を食べている、啓子は居《い》ない、それに女先生が居ないことを確かめると私は教室に戻った。敏男からは、先生は髪の毛の掃除と自習を言い付け、啓子を連れて教室を出ていったと聞かされる。

昼食後。窓際の最前席で敏男とふざけ合っている正にその時!!　ドカ、ドカ、ドカ!!　と教室に何者かが突っ込んで来る。

「コッケは何処!! 山岡は何処におる!!」

「あっ! 啓子家《んち》の小母《おば》さんだ!!」、その鬼の形相に慌《あわ》てて窓から飛び出し、そのまま下駄箱に回って靴に履《は》き替《か》え、校内を走り抜け下校路を逃げた。途中、「今日は教室には戻れまい、ランドセルは敏男達に託して待《ま》とう」、と秘密の住処に向かった。

一人住処で不安は募るばかり……啓子の小母《おば》さんと母は、分校当時から親密な関係、それだけによけいに心配だ。普段は、顔から優しさが溢れる程にニコニコと、遠くの田畑からでも声を掛けてくる小母さんだが、あの形相はまるで別人、それだけに事の重大さを思い知らされる。日は段々と陰り始める。何時《いつ》しか心配とは裏腹に「多少切ったくらいで、髪の毛はいくらでも伸びるもの、大袈裟《おおげさ》に騒ぐことでもない」、と開き直る。やがて「もう、敏男達は来《こ》ない」と待つことを諦め家路に就《つ》く。その途中、置いてきぼりのランドセルの言《い》い訳《わけ》を考えながら、夕食に間に合う様に急いだ。

我家には念の為、勝手口に回り、一度様子を探《さぐ》ってから玄関に戻る事にした。台所は普段通り、母は中学生の姉二人と忙しそうに夕飯の支度《したく》をしている。玄関から居間へ、弟妹二人は用意された長い食卓の上に玩具を並べて遊んでいる。兄と大姉はまだ来ていない。只、水が飲みたくて土間に下り、序《つい》でに流し台の母に夕食の催促、「飯《めし》はまだか」と言い掛けた途端! 母は振り向くや否や、いきなり私の首根っこを押さえ、逆手を背中に取るや居間に押し倒し、前掛けからロープを取り出すと一瞬にして縛《しば》り上げる。「髪は女の命!!」、唖然《あぜん》とする私に母はそれだけ言うと、土間から家の前の畑まで引きずり出し、畑の脇の大きな桐《きり》の木に私を括《くく》り付けた。

晒《さら》し者。この重い懲らしめに、改めて事の重大さを知るが既に遅し。「誤って切ってしまった」、と必死で釈明するも母は黙ったまま、そして、結び目を強く締め直すと、そのまま戻って行った。この結び目、明治に北海道庁の警察総督を歴任した武士とその後妻（地方の富豪《ふごう》の出身）の娘であり、退官後、晩年の父に育てられた母の縛り方は本格的なもの、踠《もが》く程に締まる。

縛られたままに助けを求め、大声で喚《わめ》いてみたが、誰も近寄っては来ない。こそこそと通り過ぎる人は隣り近所の人達ばかりなのに「それ見たことか!」、と薄笑いをしている様にしか思えず、やがて喚《わめ》き疲れ、暗闇に気が薄れ、どれ程の時間が経った事であろうか――。

「あ! お婆さんだ」、人の気配にふっと気が戻り気付くと、正男のお婆さんが側《そば》で無言のままロープを解《ほど》いている。やがて、解《ほど》かれ立ち上がる私の頭に手を添《そ》えたまま正男家《ち》まで、そして土間の床に私を掛けさせ、皿《さら》に二つの握《にぎ》り飯《めし》を置いた。

「きんのう（昨日）のこと、お母さんと髪切とる子に、ちゃんと謝《あやま》りゃあー!」

「ハイ!」、夕飯抜きの腹にこの握り飯は応《こた》える。思わず溢れ出る涙《なみだ》にお婆さんの言い付けは、そのまま私の心に沁《し》みる。

寝静まった我家。受験勉強最中《さなか》の姉達だが、何故か部屋の明かりも無く暗いままで開けっ放しの勝手口から部屋に入る。そして、ぐっすり眠《ねむ》る弟の傍《かたわ》らにそっと横たわった。

翌朝。目覚めた時には、既に母は朝食の支度の最中。起き上がりそのまま勝手口まで行き、流し台の母の背中から声を掛けた。

「きんのうはゴメンナサイ！　マサのお婆さんに助けてちょーだいたガヤ、お握《にぎ》りくれたガヤ！　今日、学校でちゃっと（直ぐに）ケイ子、否《いや》！　梅村さんに謝るガヤ！」

「……」

母は、振り向くこともなく返事もない。それどころか朝の支度で忙しく、昨夕の事等《など》忘れている様だ。全《まった》く以《もっ》て兄姉が多く、皆が通学となる我家の朝は戦場、誰も人のことなど構《かま》ってはおれない。

「啓子ちゃんに、ちゃんと謝《あやま》るのだぞ！」、母が口を利《き》いたのは私が家を出る寸前、風呂敷と弁当を手渡しながらの一言であった。私は、時間割の教科書と弁当を風呂敷に包み家を出た。

通学の道々。今日程、学校に行く辛《つら》さを感じたことはないが、一途を辿《たど》るのみ。

朝の教室では一番乗り。前方の入口から最初に三人の女子が喋《しゃべ》りながら入って来るが、後部席の私に気付くと、目を逸《そ》らし押し黙ったまま席に着く。続いて入って来る皆も同様、ふざけ合いながら入って来た敏男と一男も、私に気付くと神妙に席に着いた。

教室に重苦しさが重なる最中、遂に啓子が現れる。その髪は短く元のお河童に戻っていた。

彼女からは目を逸《そ》らし、俯《うつむ》いたまま強く目を閉《と》じ覚悟の一時、そして面《おもて》を上げると、目の前に座る彼女の後ろ髪がより生々しく映る。「勇気が欲しい！」、この時程「勇気」を意識した事はない。やがて、母とお婆さんの顔が交互に浮かぶ。そのお婆さんが突然！　背を押す。

「ごめんなさい！」、座席からはほんの二〜三歩、彼女の前に出て直立、一言そう叫び頭を深く下げ、直ぐに席に戻った。それは正に！　男の沽券が崩れた瞬間であった。

朝の授業が始まる。朝礼が終わると直ぐに、女先生は啓子を呼び一言尋ねると、彼女は頷く。恐らく、私との一件であろうが女先生からのお咎《とが》めはなく、普段通り国語の授業が始まる。

一週間後、神妙な私の所為《せい》であろう、四年二組は静かな日々が続く。そんな昼休み、敏男が泣きべそをかきながら教室に戻って来た。彼は口は強いが体力は弱い。その口が災《わざわ》いしての事であろうが、三組の元の悪餓鬼仲間に小突《こづ》かれ逃げ帰って来た。こんな時、私に必ず訴えるのだが、自粛《じしゅく》中の私の身を思ってか今日ばかりはそれが無い。ところが、そんな配慮が却《かえ》って「親分」として私の自覚に火を付け、一人で隣りの教室に乗り込んだ。この三組には相撲のライバル、イイ君（勇《いさむ》）がいる。だが、担任のお母さん先生は厳しく、分校当時の凄味《すごみ》は随分削がれた風だが、彼がこのクラスの親分的存在であることに間違いない。

「トシを殴とる奴、ちゃっと出すガヤ!!　クソダワケガ！」

「誰だ！　誰だガヤ！」

教室に踏《ふ》み込み、後方の窓際に勇《いさむ》を見掛け、いきなりそう迫った。彼は驚いた様子のまま、周りにその犯人を尋ね始めたが、既に私の怒鳴り声で彼等は一斉に教室を飛び出していた。

❐運動会のシーズン

平針・八事の分校を併せ、植田・島田の本校での合同運動会は、合同学芸会と並び天白村挙げての一大イベントである。その競技種目も多岐多種にわたり、父兄に限らず地元住民の多くが近所の子供の応援に、御馳走持参で駆けつける。我クラスでは、運動会の委員に一男と共に私も選ばれ、その練習と準備に忙しい日々を送る事になる。お陰で、道草での遊びや悪戯はすっかり陰を潜める。只、週一の習字だけでは文武両立とはならずも、武（運動）では大いに活躍、リーダシップを発揮する。本番の学年対抗リレーや騎馬戦では一男と私の活躍で、四年二組は他のクラスを圧倒、学年総合でも二位。四地区対抗戦では、リレー・綱引・大騎馬戦に分校を含めた三年生以上からの選抜チームが対戦。どの競技にも、私と勇が出場。リレーでは平針が優勝するも、総合では島田に次いで二位に終わる。

❐冬は霞網猟のシーズン

今朝の冷たさに龍男との冬の猟、その醍醐味が思い出される。その思いは、一男達も同じである。

下校途中。その日は久し振りに龍男と出会い、歩きながらの話題は霞網猟となる。ところが、その禁止条例の通達が中学校にも届き、父兄にもその協力要請がされている事に触れながら「今年はもう出来ない」、と悔しがる。只、私には「囮《おとり》の目白を貰《もら》ってやる」、という事になった。

翌日。終業後に村役場の前で龍男と待ち合わせ、そのまま彼の同級生の家に行き、「目白の番《つがい》」を鳥籠ごと、「粟《あわ》」も一緒に受け取る。彼とは直ぐに別れ一男達に目白を見せる為、その足で秘密の住処へ急いで向かった。だが、幾ら待っても彼等は来ない。夕飯の事もあり、私は鳥籠をそこに残したまま家路に就いた。

翌朝一番で住処に寄り、止まり木のミカンと水を取り替え、怒りを堪《た》えたまま学校に向かう。教室では私に遅れて一男達が入って来る。早速、昨日の約束の件を問い質した。

「おみゃーら！　何で来《こ》んかった!!　クソダワケガ」

「悪かったガヤ！　罰で遅《おそ》まで庭の掃除、やってまったもんで（から）……」

「遅《おそ》なってもうて！　コッケはもう帰ってまった、と思ったもんで……」

一男等《ら》の言い訳では、掃除当番である彼と敏男、それに早く終わらせようと手伝う勝彦と真人の四人は、掃除の合間に手にした掃除道具でふざけていた。其処《そこ》を女先生に見つかり、罰として花壇の草取りと校庭の掃除をやらされる。しかし、禁止されてる猟の事だけに、私との約束を言い出せないまま遅くまでやらされる羽目に。そんな一男達を許すことが出来ても、罰《ばっ》した女先生には何故《なぜ》か納得がいかない……彼等がふざけていたとは言え、当番以外の二人も加わり教室の掃除は終わらせている、にもかかわらず罰の校庭掃除はあまりにも不公平だ。その思いを抱《いだ》きながら一時間目、二時間目が過ぎる。

三時間目。前以て教室の前後の出入口に今回は悪戯ではなく、一男達の抗議の為に突《つ》っ支《か》い棒《ぼう》を施《ほどこ》した。間も無く女先生がやって来て戸を引く。何度か力を入れて引き直すが開かない。やがて、その仕業《しわざ》に気付き、戸を引くことを止《や》める。そして黙ったままその場に立ち竦《すく》み二〜三分が過ぎる。その様子を固唾《かたず》を呑んで教室の皆が見守る。私は直ぐに先生は職員室に帰る、と踏んでいた。しかし、この有様にすっかり戸惑い、やがてその焦りも限界に達すると、咄嗟に席を立ち入口まで行き、突《つ》っ支《か》い棒《ぼう》を外して私から戸を開いた。先生は静かに教室に入って来る。その様子に安堵《あんど》し後に付いて二〜三歩程進むと、先生の足が止まり振り向き様に「ウゥーウォー!!」突然！　唸《うな》り声と共に両手の拳骨《げんこつ》を振りかざし襲い掛かってきた。それを何発食《く》らったことか！　私は頭を抱えながらその場を振り切り、そのまま窓から外へ飛び出した。

「あの先生の形相では、今日は教室には戻れまい！」、そう思いながら自然と足は道草の住処に向かう。途中、家に帰るにもランドセルがない事が心配となり、暫《しばら》く住処で過《す》ごしてから様子を見に学校に戻る。

中庭から覗《のぞ》く四時間目の教室、女先生の黒板に向かう普段通りの様子を確かめ職員室に向かう。窓から覗《のぞ》いてみるが、どの席にも先生方は居ない。それに女先生の席に近い出入口は開いたままである。廊下から身を屈《かが》め、そっと職員室に入り、机上に私の弁当を見つけ、手を伸《の》ばした丁度《ちょうど》その時声が掛かる。

「何の用事かね」、奥の席から筆を止め、私を睨《にら》んでいるのは教頭先生。

「富永《とみなが》先生に、持って来《こ》りゃあ！　と言われたガヤ！」、直ぐに返事をしたものの、バレて捕まると私は覚悟した。

「そうかね……」、一時置いて、そう返し教頭先生は再び筆を走らせる。意外にも、その先生の態度に救われる思いで、素早く弁当と机の下のランドセルを取り、急いで職員室を離れて再び道草の住処に向かった。

道々。あの泣き出しそうな女先生の顔が浮かび、やがて可哀相に思えてくる……そもそも、先生が私を懲らしめる事は幾らでも出来るはず。一組の男の先生や私の母に言い付けるだけの事なんだが。それにしても教頭先生の私の見逃し方、何故か？　女先生一人が試されている様にしか思えない。そうか！　そうなんだ女先生は一人で四年二組の全員と戦っているんだ！

住処で弁当を食べながら、約束はないが一男達を待つ事にした。籠《かご》の目白はよく囀《さえず》り、周りの木々にも色々と小鳥が集まり鳴き交わす。その音色に耳を澄《す》ますも、女先生に対する数々の仕打ちに思いを馳《は》せる。日が陰り帰り支度の最中にふっと山道に目を遣《や》ると、真人と勝彦が駆け上がって来る。二人は着くなり、突っ支《つか》い棒《ぼう》の件を報告。それによると、一男に尋ねながら女先生は突っ支い棒は仲間の罰に対する抗議である事を知る。そして、こうした事では私へのお咎《とが》めは無い、と断言する。暫くして、掃除当番を済ませた一男と敏男がやって来る。四人は、昨日の今日になった「目白」との対面を済ますと、早々に週末から行う霞網猟の打ち合わせに入った。

四人と別れ、家路に就く道々、「髪切り事件」を思い念の為、勝手口に回り母の様子を窺《うかが》った。

「そんなところで、何をしている。今、帰ったのか？」

「手を洗うダテ、井戸に寄《よ》っとるガヤ！　クソダワケガ」

「それは、それは、お帰り」

普段通りの母との会話に私の警戒心も解ける。その夜、床の中で明日は自分から女先生に謝《あやま》ろう、と強く思う。

翌日。女先生は淡々と授業に就き、私も神妙にしてはいたが、謝る機会を掴《つか》むことが出来ないままに一日が過ぎた。

十二月最初の週末。闇《やみ》のうちに家を出て住処に集合。一男が家から秘密に持ち出した三枚の霞網。五人は、住処の周辺で網を仕掛ける。一男によると、この辺りはあまり良い猟場ではない様だ。只《ただ》、監視官や密猟者から網を守る為に何時でも外せる様にと、住処の近場になる。やはり、一羽も掛からない日の方が多いが、百舌《もず》を焼鳥にする等、一度だけその醍醐味を仲間で味わう事も出来た。

学芸会も終わったある朝の事件《こと》。捕獲した二羽の目白と一羽の鶯《うぐいす》。その目白の駕籠《かご》が破られ、二羽とも腹などを食い千切《ちぎ》られている。おそらく、鼬《いたち》の仕業《しわざ》であろう。その日、我々は譲り受けた囮《おとり》と共に全て野に放った。

❐学芸会のシーズン

四年二組は演劇《えんげき》をする。その配役を募集するクラス会が行われる。しかし、自《みずか》ら手を挙げる者がいない為、クラスメイトの推薦、複数候補では多数決で決めることになった。

十二月中旬の土曜日。明け方に仕掛けた霞網の所為《せい》で、私は朝からウトウトしていた。だが、配役が順次に決まり出すにつれ、二年生時の学芸会が否応無《いやおうな》しに思い出される。その演戯では、方々から色々な小動物が集まり会合を開く。私の出番は三番目。

「ぼくは、この先のぉー鎮守の森に住む蜘蛛ですよォーエッサコラ！　エッサコラ！」、唯一！　この台詞《せりふ》を言いながら舞台の中程、集会場まで大きな袋を担《かつ》ぎのっしのっし歩く、ただそれだけのはずが、舞台に上がった途端！　大勢の観客にびっくり、その為あれほど練習した台詞が何処かに飛んで行ってしまう。最早！　如何する事も出来ずにそのまま、担いだ袋を捨てて舞台から逃げ出してしまった。以後、舞台や人前での話が大の苦手となる。

クラス会では、配役が黒板に順次に書かれていく。「王様」、「后《きさき》」、「妖精一、二、三」等。最初の「語り手」は啓子。敏男は一男の推薦で「理容師」に、弁が立つ彼にはなかなかの役である。

敏男が多少気になるが、他《ほか》の誰《だれ》かが私を推《お》すことも無いだろう、そう思うと急に霞網が気になり、窓の外に目を遣《や》る。すると、前列の窓際に座る孝《たかし》と目が合う。その目は寂《さび》しく、私に何かを訴《うった》えている様に思えた。

加藤孝。同じ分校だが、普段から話すこともなく、教室では離れた所から彼がニコニコと私に愛想を見せる程度の間柄。只、その目にふっと彼の配役を考える。痩《や》せぽっちで影の薄い彼では精々、羊飼いの笛となる葦《あし》の木々、その他大勢が関の山であろう。

「中島君！」、「中島君！」、「中島君！」

王様の役に、女子《おんな》達は口々《くちぐち》にヒロを推す。その騒《ざわ》めきを制し突然！　私は立ち上がり、大声でヒロの対抗馬を立てた。

「王様は、孝《たかし》だガヤ！　クソダワケガ」

早速、候補者二人による賛否が問われるが、突拍子もない候補者を推す私の勢いに皆は押し黙り、何方《どちら》にも挙手出来ずにいる。全ては私一人の賛成で王様は孝に……。

「加藤君、王様の役、やってみる？」

「……」、女先生が彼に尋ねるが真っ赤な顔をして下を向いたまま返事も出来ない。

「先生は、加藤君には少し不安がある。そこで、何時でも代役が立てる様、山岡君が一緒に練習してくれるならば、王様役は加藤君で良《い》いのではないでしょうか」

「……」

「どうなの、山岡君！」

「判った！　かまったる（めんどうをみる）ガヤ、クソダワケガ」

女先生から真逆《まさか》の不意打ち、だが言い出した以上、男として後には引けない。こうして代役と言えども、その主役を私は引き受けてしまった。

その後の配役では、敏男が急に頑張り出す。「仙人」には一男、「大臣一」には真人、「羊飼い一」には勝彦を推し、それぞれを勝ち取る。それにしても、主役を取られ、その他大勢に回ったヒロ君に、私は再び悪い事をしてしまうが、最後に女先生から、先生の助手にあたる助監督をヒロ君が依頼される。

一週間後。その台本が発表され、クラス全員に渡される。私もペラペラ、と早速捲《めく》ってみたが、流石《さすが》に王様の出番は多くその台詞も多い。

「おー、おー、さまーーの、お、み、みは、ロバ、の、み　み」

「お、お、さまのーー、お、み、みはー、ロバのー、みみ」

「王様のー、お耳はー、ロバの耳ー」

この旋律《せんりつ》の台詞《せりふ》は羊飼いの葦笛《あし》、その試し吹きに合わせて葦の木々（林）が歌うもの。つまり、その他大勢での合唱となるが、クライマックスでの場面の登場だけに独唱もあり、それぞれの役割も凝ったものになっている。又、その他大勢には二役、「良い王」となった王様を称《たた》える市民役もあり、その大合唱も色々と工夫されている。こうしたその他大勢の活躍に、わざわざ孝を主役に推すこともなかった……私の後悔はこの時から始まる。皆は、この台本に異議はなく、配役も決定。

その日の夕食時。

「コッケ、お前、主役に選ばれたんだって！」

「主役だって！　スゴイガネ！」

「違《ちが》うガヤ！　代役だワ！　クソダワケガ」

「代役で主役なんだ。それは凄い！　凄い！」

「？……」

誰に聞いたのか、揃いも揃って中学生の姉二人が同じことを言ってきた。私は咄嗟に否定したが、何を勘違いしたのか、高校生の大姉までもが盛んに感心している。私の主役には、家族の誰もが驚いた様だが、一富美の妙な言い方に納得したのか、皆は黙って食べ始める。私は皆が如何《どう》納得したのか判《わか》らないまま、ふっと代役が来る可能性、その心配に覆われる。

翌日、日曜日の朝夕でも。

「コッケ君、主役だってなも！　がんばってちょうよ！」

「違《ち》ごうとるワ！　代役だワ！」

「主役だがね！　やったがね！」

「違《ち》ごうとるワ！　代役だワ！」

噂は広まるばかり。近所の小母《おば》さん達からもわざわざ声が掛かる程で、その都度否定するも、誰もそれには応ぜずニコニコと笑うだけ。「自分は、もしもの代役であり、決して舞台に上がる事はない」、と言いたいのだが、全てが私の所為であることだけに、その「もしも」の説明も出来ず、その可能性も否定出来ず、思う程によけい「俺《おれ》は、主役ではない！」、「決して舞台には上《あ》がらない！」、と自分自身に言い聞かせ、台本までもしまい込《こ》んでしまった。


三週間後。台本も読まず、舞台練習も行かないまま、日数だけが過ぎる。

「駄目！　全然駄目だガヤ！　孝では……」、敏男に孝の練習振りを聞いてはみるが、否定的なことばかり。最早！　学芸会まで残り三日。その日の放課後、私は孝の練習振りを確かめる為、教室の外から稽古《けいこ》を覗《のぞ》いてみた。そこには、脅々《おどおど》してなかなか台詞が言えない、紛《まぎ》れもなく駄目な彼がいた。早速、代役を……私は急いで家に帰り、しまい込んだ台本を引っ張り出した。


学芸会当日。

高校の父兄会と重《かさ》なる母は、妹と御馳走の三人分の昼弁当を、正男の小母《おば》さんに預け家を出る。その母の後ろ姿を家の陰から見届け、私は学芸会には行かずに道草の住処に向かったがその訳とは三日前、男の面子にかけて一夜漬けでの台詞の暗記を試みる。それも、我家にもあるポピュラーな童話だけに、話の筋道は判っており、それだけに出来ると考えた。ところが二日目も、焦れば焦る程に台本通りに覚えられず、最終の舞台練習にも行けず終《しま》い。苦しくもあの二年生時同様、私は演戯から逃げる事になる。

道草の住処で一人。今日は、誰も来ないであろう。鴛籠の小鳥達も囀《さえず》ることも無く、静けさが際《きわ》立つ。しみじみ見る草木の一本一本が、初めて見るものの様で風になびきながら、私に向かって「ひきょーもの、ひきょーもの」、と囁き始める。何故、代役を引き受けてしまったのか。何故、孝を主役に推したのか……情けない孝に同情したから、否、主役への反抗心から……考えても後悔ばかりが先に立つ。何《いず》れにせよ、無関心のはずの演劇によけいな首を突っ込んでしまった。これも全《すべ》てが私の我《わ》が儘《まま》から出た事と、後悔と反省は続くばかり。

腹が空いてきた。近くの畑から大根を引き抜き、その泥を袖で拭き食べる。

今頃、皆は家族と一緒に御馳走を食べている、そう思う程に惨《みじ》めさは増すばかり。やがて、冬の太陽は西に大きく傾く。来るはずもない仲間に対し、その方向をじっと眺めながら、帰り時《どき》を図っていた。その時、先方の山越しに人影が現れ、現れては消える。やがて、その数を増す。期待を込めて影を山道沿いに追うと人影は四つ。それは敏男、一男、真人、勝彦の四人である。

「捜しとったガヤ！　やっぱここだったガネ！」

「何で！　何で来《こ》んかった！」

四人は、着くなり私に弁当箱を渡すと矢継ぎ早に問うてきたが、それには応《おう》ぜず逆に尋ねた。

「タカは！　あんばよう（うまく）やっとったか？」

「一幕だけ！　台詞《せりふ》があらへん（無い）ところ、後はヒロだガヤ！」

敏男はけろりと、まるで王様役と私が無関係にあるかの様に答え、再び私が学芸会を欠席した理由を聞いてきた。

「劇なんか見たなーガヤ！　クソダワケガ！」

私は無愛想《ぶあいそう》に答えたが、彼等は学芸会をサボる私が不思議でならない様だ。それにしても、今日の今まで私が悩んでいたことなど、全く意に介す様子もない敏男達だが会えた嬉しさに、今までの悩みが吹っ飛んでいく。そんな思いに、正男から託された御馳走を食べ始めると、彼等《ら》も楽しそうに演劇の話を始める。只、その殆どは準主役、敏男の自慢話である。

我家での夕食時。

「劇に出てなーガヤ！　どうしてだガヤ！」

「俺は、代役だガヤ、主役が出れば出《で》れんガヤ！　代役だもんで（だから）と、言われるたんび（たび）に言ってきとるガヤ、クソダワケガ！」

夕食を前に、早速弟が聞いてきたが、ここは一番！　私の正論が通る。

次に、妹が問い質《ただ》してくる。

「何で！　昼の御馳走に来《こ》んかった！」

「とろくせゃい主役をかまっとる（めんどうをみる）と、そんな暇《ひま》なあーガヤ、クソダワケガ」

私の嘘も、学芸会に来ることも無い姉達には勿論、幼い弟妹には通る。問題は、正男の小母《おば》さんだが、「前評判にもかかわらず、出番がない気恥ずかしさに、会いにも来れない」、と私を気遣い御馳走を正男に託した様だが、他言は無用。そもそも、事の詰まりは「演劇から私が逃げた」、と誰からも気付かれずに済んだ事である。

何事もなかった様に学芸会の日は過ぎた。女先生やクラスの皆が、私に何の期待もしていなかった事では多少の気落ちはするが、それが幸いした事で納得していた。しかし、今回は女先生には完全に負けたと素直に思える。そして、「ソバカス」と呼ぶことも決してしない、と誓った。

❐暦は三月、卒業シーズン

平針の交差点から歩いて五〜六分程、島田街道の左側に迫る丘陵に建設中の小学校が遂に完成。四月からは、本校の各組に分かれていた平針の四年生が再び一クラスに統合、五年生をこの新校舎で迎える。これまで、通学途中のこの工事を一年中見ていたはずだが、何が建設されるのかすらも無関心のまま過ごしてきた。それに、新校舎での新しいクラスを意識したのも、六年生が卒業した、ついこないだの事。

三月下旬の土曜日。久し振りに正男達、元分校の同級生と連れ立ち、新校舎を見学する事になった。下校途中の島田街道から直接左側へ上ることの出来る裏門への通り道は、まだ通行止めになっている為、そのまま街道を進み次の交差点を右折、分校の脇道から延びる坂道の中程から右側の階段を上る表門に回る。その途中、交差点を右折する直前、私は後ろから呼び止められた。

「コッケ！　アキさんがどえりゃあ（大変な）ことになっとるガヤ‼　朝のニュース聞いとるか？」

振り返ると龍男が慌《あわ》てた様子で駆け寄り、思いも寄《よ》らぬ事を私に問い掛けてきた。

「？……」、唖然とする私を一人呼《よ》び止め、彼は早口に「秋男の事件」を喋《しゃべ》り出した。

昨日の夕暮れ時。秋男はゴルフ帰りのタクシーを止め、賭《か》けゴルフに絡《から》んだ客を脅《おど》し金銭を巻き上げる。暫くして、彼は強盗事件で訴えられ、その夜には警察から追われる身となる。そもそも、彼にとってこの事件は、賭けゴルフの弱みに付け込んだ犯行だけに、警察の捜査は意外である。その為、突然踏み込まれ、咄嗟の逃走になった様だ。

「突然の逃亡だて（だから）！　アキさんは、何《な》んも持たへんまま逃げとるガヤ‼」、龍男はさらにそう付け加えると、私に正男達とは分かれる様に促《うなが》す。彼等《ら》を先に遣《や》り二人になると、龍男はある計画を打ち明けてきた。それによると、警察のマークが厳《きび》しい秋男の舎弟に代わって立て籠もり用の食糧等《など》を今晩、仲間と秋男に届けると言う。更に、隠れ家の大凡《おおよそ》の見当は付いているので、私も来る様にとの誘いである。勿論《もちろん》、私には断る理由も無く寧《むし》ろ願《ねが》い出るべき事である。

お好み焼を御馳走になったあの日以来、秋男と私とは四〜五回程、下校途中や平針の町中で出会う。只、最後の出会いを除けば、一方的に私が御馳走のお礼を言うだけの事。

この冬、霞網の住処からの帰り道。街道いっぱいに広がって五人の中学生がこちらに向かって歩いて来る。その中の秋男に気付き、直ぐ道端に寄り直立不動で待った。

「この前は、御馳走さま！」、近づくのを待って、何時もの様に大声でお礼を述べる。彼も、何時もの様に苦笑いだけを見せながら通り過ぎて行く。ところが、間も無くして引き返して来た！

「これ、持って行けや！」

「？……」

「いいから、持って行けや」

「……」

秋男は担いでいた赤バットを下げ、いきなり私に差し出す。思わず手を引っ込めるが、その手を強引に引っ張りバットを握らせると、小走りに仲間の処《ところ》に戻って行く。私は、あまりの出来事に礼すら一言も発する事が出来ず、ただ立ち竦《すく》むばかり。高価なバットである。子供の草野球では、棒切れを削っただけの物が普通だけに、家に持ち帰れば色々疑われること必至。そうかと言って、秘密の住処に置けば、一男達の知る所となる。今では、秋男の悪評にその関係は秘密にしたい思い。結局、赤バットは我家の屋根裏に隠す事にした。

その夜の丑《うし》三つ時。

龍男との約束に、身支度《みじたく》のままで布団に潜り込み、柱時計にその時刻を待って起き勝手口に直行。この時間には一浪が決まった一富美、高校合格の彩巴、そんな姉達が深夜まで勉強する事もなくなり寝静まっている。私は、龍男から宛《あ》てがわれた飯盒《はんごう》に目一杯のお米を詰め、その蓋《ふた》には二本の沢庵《たくあん》と開き秋刀魚《さんま》三枚を仕舞《しま》い込《こ》む。序《ついで》に、半分程残る赤ワインを瓶ごと持ち出し、龍男と一緒に分校脇の寺に向かう。寺の回廊の下に座ったまま征男が待っていた。

「オー、気がきくガヤ！」

持ち寄った食糧等を点検、赤ワインで私を褒《ほ》める龍男もいこい（タバコの銘柄）を四箱用意している。荷造りを整え、それぞれに背負い、まずは高台の新しい小学校に向かう。この裏山方面が秋男の捜索地《そうさくち》の様だ。

階段を上って正門から、まだ整備の付かない凸凹の運動場を抜け、山林に入り獣道《けものみち》程の道なき道に歩《ほ》を進める。やがて、大きな暗雲に月明《つきあか》りは消され、前を行く龍男一人の懐中電灯はほんの一部を照《て》らすだけ。二人の間を下を向いたまま、私は照らし出された足元の枯草に全神経を集中させながら一歩一歩、一心に龍男の足を追う。暗闇では、方向や上《のぼ》り下《くだ》りの感覚がないままどれ程歩いて来たことか……急に龍男の足が止まり顔を上げると、正面の木陰越しにぼんやりと白い山頂が浮かぶ。ここから右へ、山の中腹を迂回する様に進み崖に出る。崖の下は、全体が白く薄明《うすあか》るく開けた様子の広場。そのまま崖を下った。此処《ここ》は、山が3分の1程削られた石灰《せっかい》の採掘跡地《あとち》。正面の崖《がけ》には洞窟があり、そこに秋男達の隠れ家がある、と龍男は明かす。そこは、洞窟の入口から二十メートル程の壁の下から胃袋型に掘られており、奥は二畳程の広さ、その入口の蓋《ふた》にもカムフラージュの石灰が施《ほどこ》されており、大変見つけづらいそうだ。

「アキさん！　平針のタツだガヤ」、「アキさん！　龍男だガヤ」

洞窟の中では、懐中電灯の光が周りの白に反射して明るく映る、又、人気を全く感じ無い為、彼はかなりの大声で呼びながら、合わせて三人同時に壁を叩きながら奥へと進む。そして、端から端まで三往復。大きく反響する声も空《むな》しく何の反応もなく、その入口らしきものすら見当たらない。

暗雲は晴れ、月は低く夜は幽《かす》かに明け始める。昼間に龍男一人が来ることで一旦捜索を打ち切り、反対側のトラックの出入口から下って道路に出た。どうやら、この辺りは中学校の裏山の様だ。行きの道なき道は警察の捜査を警戒しての事だが、帰りは一本道。早足で四十分程、気付けば左側の丘陵には新校舎の小学校、その坂道を下り一旦寺に戻る。回廊の下に荷物を置き、私は一人で寝静まる我家に戻った。

「何時まで、寝とるガネ！」

由紀の声で目を覚ます。早々に一人朝食を済まし家を出て寺に向かう。休校の日曜日では龍男一人で行かせるわけにもいかず、一緒に行く為である。

寺で待つこと、一時間程。

「駄目だ！　今日の朝早く捕《つか》まってまったガヤ！　アキさんが捕《つか》まってまったガヤ！」

寺の裏側から二人揃って現れ私に気付くと、龍男は呟《つぶや》く様にそう告げる。そして、一睡《いっすい》もしていないのであろう、疲れ切った様子でその場に座り込んでしまう。征男からは秋男が明け方、今池の喫茶店で張り込み中の刑事に逮捕された、と聞かされる。それにしても、名古屋の繁華街の「今池」とは……昨夜の我々の捜索地とは随分掛け離れた場所での逮捕である。それだけに、龍男の落胆振《らくたんぶ》りも大きい様だ。あの場所の事を問えば、龍男が六年生の冬休み一度だけ、秋男達に連れられて行った処《ところ》だそうだ。それから二年以上、秋男は中学生では桁《けた》違いの「悪《わる》」、それだけに今池での逮捕は龍男の想像を遥《はる》かに超えたことの様だ。

寺の回廊の下で座ったままの龍男。征男は、黙々と隠した荷物を取り出しそれぞれに分けて渡すと、一人急いで帰って行った。私は、彼の荷物も一緒に持ち、促《うなが》して立《た》たせ、引っ張る様にしながら帰りを急いだ。

その日、我家の夕飯時。

ここでも、秋男の話題で持ち切り。彩巴と由紀は、其《そ》れ見たことか！　と言わんばかりに私と秋男の関係を疑い、まるで刑事になった様に色々と問いただしてくる。

「関係ないガヤ！　クソダワケガ！」、それだけ言うと姉達を無視し、私は黙々と飯《めし》を口に運んだ。その最中、バスの中で秋男に席を譲られた事があると言う母の話に、私は何故か救われる思いがした。

❒終業式まで、数日

今日も、山田や正男等《ら》、平針の同級生五人が誘い合っての通学となる。天白川を越え程《ほど》なく、真人と勝彦の二人が大声を掛けながら、こちらに向かって走って来る。その慌《あわ》てた様子に、私はその場に立ち止まって待った。

「上《うえ》の奴等《やつら》！　校門で待ち伏せとるガヤ!!」

「コッケ、ちゃっと（直ぐに）逃げるガヤ!!」、近づくなり二人は、息も荒げに告げ直ぐに引き返して行った。

「上《うえ》？……」、上級生と言っても六年生は既に卒業している。五年生であろうが何故、私を待ち伏せするのか思い当たる節《ふし》はない。只、思い浮かぶ元一男達の仲間、島田の五年生は二人程居た。「そうか、彼等が喧嘩で私に挑戦してきたのか」、そう思うと私は戦う事を決めた。相手は二人、そうなればどちらか一人を烈《はげ》しく襲《おそ》えば、後の一人は逃げ出すに違いないと高をくくる。そもそも喧嘩の仕方は龍男から充分に教わっており、試したくもあった。

私は、真人等《ら》の警告に動揺《どうよう》する山田達《たち》を先に遣り、一人で適当な棒切れを探しに川原まで戻った。


村役場からはゆっくりと構えながら歩き、本校の門を窺《うかが》う。案の条、敵はその二人、棒切れを持って門の両側に分かれて構えている。私は右の俊吉《しゅんきち》だけを睨《にら》むと、肩を怒《いか》らせゆっくりと近づいた。彼は、ニヤニヤと笑っている。その敵までは後十五～六歩程、一瞬のダッシュで襲い掛かる正《まさ》に！　その時、「今だ‼　掛かれ‼」、俊吉からの号令に「ワァー‼」、と門から七～八名が棒を片手に飛び出して来る。「図られた！」、そう気付くと私はダッシュのまま俊吉の右に向き直り、飛び出して来た二人に棒を振り上げ突っ込む。二人は、左右に分かれて身をかわす。その間《あいだ》を一気に抜け校門の前を右へ、その脇道からそのまま蓮華の田んぼを駆け抜け街道に出る。だが、奴等《やつら》は追って来る。直走《ひたはし》りに息も切れ、やがて走りを緩《ゆる》め振り向くと、追って来る者はもう居ない。気付けば、道草の住処の近くまで来ていた。

住処までもサイレンの音は届く、始業時間だ。奴等は教室に戻ったであろう、そう思いつつ学校に向かう道々、何の恨《うら》みが私にあると言うのか？　考え続けた。

別棟の五年生とは、往来も無く交流も殆《ほとん》どない。それに、私は彼等に全く関心が無い。勿論、私から彼等に言い掛かりを付けたり、いびったりした事は一度も無いが、ふっと一男等《ら》の私に対する当初の頃の態度を思い出す。そうだとしたら私を生意気な奴、と奴等はずーっと思い続けていたのか。それにしても、今まで私に手を出さずにいたのは私の後ろ盾《うしたて》……そうか、彼等の勝手の思い込みだが、私と秋男との関係か。その彼は少年院、もう居なくなっての事か？只、意に反して秋男の威を私が借りていた、と思われていたなら残念だ。一対一であれば何時でも勝てるのだが多勢に無勢、一層龍男に助けを借りようか？

「オーイ！」、「オーイ、コッケ！」、思案の最中、微かな呼び声が耳に届く。私は一旦止まり遠方を確かめる。真人に勝彦だ！　それに一男が走ってこちらに向かって来る。只、その後の数人の影が目に映る。その影は一旦山影に消える。私は一男達のことよりもその後ろに警戒。やがて、山影を抜け再び山道に出る姿に目を凝らした。

「あ！　女先生だ！」、思わず声を出していた。敏男と山田、それに孝も一緒である。私は直ぐに女先生が来た訳を理解した。同時に緊張が解けると、代わって恥ずかしさが込み上げてきた。

「やっぱ、こっちだったワー」、一男達はそう言いながら走りを止め私の側《そば》に並ぶ、そして四人揃って女先生を迎えた。

「怪我は！　大丈夫」、開口一番！　女先生から労《いたわ》りの言葉。

「奴等《やつら》、大勢でいかんガヤ！　クソダワケガ」、照れ隠しにわざと強がって見せたがそれで精一杯、女先生には後の言葉が続かない。

さて、――遡《さかのぼ》ること半時前《はんとき》。一男と敏男は、曾《かつ》ての悪仲間のタレ込みから俊吉達の待ち伏せを知る。そして、その事を知らせる為に真人と勝彦の二人を走らせる。ところが、折角の忠告にもかかわらず、私が一人で戦うことを山田から知らされ、五人は如何《どう》することも出来ずにうろたえていた。ところが、五人の輪に飛び込み、助けを女先生に求めることを勧め、その役までも買って出たのが孝《たかし》である。更《さら》に彼は、終業式まで毎日、私の護衛を女先生に約束させた、と言う。

この日の下校は午前中。女先生に付き添われ山田達と一緒に校門を出ると直ぐ、バラバラと奴等は追って来た。しかし、先生に気付くと唖然！　そのまま我々を見送る。しかし、その背後から俊吉の声が幽《かす》かに届く。

「たーけガ！　中学校でまっぺん（もう一度）ケリつけてやるガヤ！」

残り三日間。約束通り女先生は、登校下校途中の護衛を続けてくれた。この折に一言でよいから謝りたい、と思い続けるが出来なかった。同級生の手前だからためらったわけではない。その一言が、愛を告白する様な、そんな気恥ずかしさを感じるからである。

終業日。たった一つ、女先生への悔いを残したまま、仲間と過ごした精一杯の四年生が終わる。

七、小学校五年生

新校舎での小学五年生がスタートする。

学級は一クラス。大阪からの転校生一名を加え、メンバーも分校の三年生と同じである。だが、私の心境は、昨年の本校の始業式とはあまりにも違いすぎる。

新体育館での整列に、一男達との別れを初めて実感する。その寂《さび》しさの所為《せい》であろうが式が始まると、果たして私は今まで通り「教室の大将」になれるのか……そんな思いを巡《めぐ》らせていた。確かなことは、四年生時では始めから「教室の大将」を意識したわけではなく、自然にそうなった。しかし、今回そうなることはそれを意図とし挑戦することになる。


新木材の香りを漂《ただよ》わせながら、体育館での式は静かに進行していく。式の最終は、各学年・学級の担任教師の発表である。名前を呼ばれた先生方は、そのまま担当クラスの前に着く。

五年生の担任は蘇我《そが》先生。年齢は三十歳程、小柄だがガッチリとした体格で元気がはちきれそうな男の先生である。然《しか》らば！　男性の担任は初めてのことになる。これまで私は普通に、それも疑いもなく担任は女の先生と思っていただけに、その動揺は相当なもの。やがて式も終わり、生徒達は担任教師と共に最初に案内され、既に席順も決められている教室に戻った。

先生は、生徒の出欠取りから始める。そして、大きな声で男子から順に名前を呼ぶ。あいうえお順では私は最後となる。動揺《どうよう》を引き摺《ず》ったまま呼ばれた私は、つい気の無い返事をしてしまった。

「声が小さい！　もう一度、山岡！」、すかさず先生の喝《かつ》が飛び、更に大声で名前を呼ぶ。「ハイ！」、強《し》いられ大声で返すも、私に対する先生の挑発とも思えるその態度により一層警戒心を高める。

「蘇我《そが》始《はじめ》」、黒板に大きな字で名前を書き自己紹介……名古屋の小学校からの転勤、得意が二段の柔道、その二つが私の心に強く焼き付く。その後も、テキパキと荒い言葉で生徒達を指示する態度に、先生の張り切る様子が窺《うかが》える。こうした緊張《きんちょう》は何も先生だけではない……新校舎に多様な新教材、完全給食など、今年度から始まる豊かな教育に生徒達も胸を弾《はず》ませている。しかし、「教室の大将」を思う私にとって、この様子は却《かえ》って不安を増大させる。確かに、都会人で強い蘇我先生は、どちらかと言えば男として憧《あこが》れの対象であろう。しかし、先生に対する私の不安は教育熱と言うか、その出過ぎる態度であろう。

尤《もっと》も、私には三・四年生とこれまで男を宗とする「男だけの世界」があった。其処《そこ》は、自然や世間との関わりに、悪戯を通《つう》じて結ばれた絆《きずな》の深い世界である。此処《ここ》には、学校生活に於いても尚、担任（先生）と言えども一歩たりとて入ってこられない世界であった。だが、この男の先生は必ず「訓練」とか「躾」とかを持ち込んで入ってくる。正に、「男だけの世界」が壊《こわ》される！　という不安にある。この類《たぐい》の心境は、同級生との関係に於《お》いても覚える。ゲームやマンガに少年雑誌等、そんな「遊び」や「豊かな教育」にあって、同級生との間にどの様な「絆《きずな》」が生まれると言うのか、私には知る由《よし》もない。又、家庭事情にあっては尚更のこと、この春から始まった母の学習塾に、その不安は大きい。既に正男や山田等、同級生七名が通う。母からは「その気がなければ塾には来るな」、と言われているが「勉強しなければ」という思いにも駆られる。

❐我家の近況

この春、名古屋市から払い下げられた路面電車を改装、母の小学生向け学習塾、俗名「電車塾」が秋葉神社の北門広場の一角にて開業。又、兄の正文は名門大学の工学部に入学の為上京。それに一浪の一富美は予備校の関係から瀬戸の祖父の家に下宿。この二人が抜けた分、家事の負担が私にも掛かり灯油や食材等、自転車での買物当番が充てられる。それにしても教育投資……いやはや我家の大学受験生は、長男の正文から始まり末っ子の千秋まで十四年間続くことになる。その学費等は到底公務員の父の給料だけで賄《まかな》いきれるものではなく、母の「稼《かせ》ぎ」に頼《たよ》る事になる。

この年、日本経済は『経済白書』の昭和三十一年度版に於いて、「もはや、戦後ではない」

の文言が記載される。

❐新学級での一週間

新品の教科書、横笛や彫刻刀等のいろいろな教材、それに完全給食。豊かな教育の始まりに、私の不安もその興味に紛《まぎ》れ、オリエンテーションや授業の準備に没頭していた。只、休憩時間には、孝《たかし》は兎《と》も角《かく》、悪しき評判の連中が私を慕《した》い寄って来る。

普段の授業が始まる。私の席は日当たりの良い窓際の後部席、朝から眠りを誘う。先生への警戒心も「授業の邪魔さえしなければ……」というこれまでの習慣に、つい居眠り――一瞬！頭に衝撃が走る。

「バケツに二杯、水を汲んでこい！」、続く怒鳴り声に振り向けば、先生が指差し棒を振り上げ睨《にら》み付けている。

「……」、返事も覚束《おぼつか》ないまま、私は呆然《ぼうぜん》と立ち上がりバケツを取りに行く。途中、居眠りの罰に廊下の拭き掃除でもさせられると思い、授業を聞くよりは増しだと高をくくり、わざわざ水を満タンにしたバケツを両手に持ち、教室の入口まで来ると再び教室から怒り声。

「そのまま、バケツを持って廊下で立っておれ！」

「しまった！　重い!!」、当てが外れ思わず心で叫ぶが後の祭り。それからどれ程の我慢が――既にバケツを放り出す寸前、泣き出す寸前にあったが、見計らった様に先生は出入口から顔を出し、今度は静かな口調で指図する。

「零《こぼ》した水を拭いて、席に戻《もど》りなさい」

脱脂粉乳は相変わらずだが、完全給食はその準備作業から楽しい。給食が終わり三十分程の昼休憩に入る。何時《いつ》もの様に寄って来る孝達四人、机の上に腰掛けたまま彼等とテニスボールでふざけ合っていた。受け損ねたボールが外へ、それを追う様に私も窓から飛び下りる。ボールを拾い、上《あ》がろうと窓に足を掛けた途端！　何処からか怒鳴り声。

「窓から上がるな！　直ぐに下りろ！」、その声に振り向くと向かいの校舎から窓を開いて蘇《そ》我《が》先生が睨《にら》んでいる。「そこから、又、窓に上がれ！」、足を外《はず》し窓から下《お》りた途端に又、怒鳴り声。そして、再び窓に足を掛けた途端に「下《お》りろ！」、そして「上がったり、下ったり、それを大声で二十回数えながら繰り返せ！」、先生はそう命令すると、サッサと窓を閉め職員室に入って行った。こうした先生の「躾」は、授業中に限った事ではない。次の罰では、孝達と一緒に運動場を十周程走らされる。其《そ》れこそ立て続けに受けた罰であるが、この箒《ほうき》でのチャンバラ遊び、残念ながら此《こ》れも四年生時の習慣である。只、罰の最中には監視は無く、途中で止《や》める事も出来そうだが、バレる事を恐れ遣《や》り切る。罰の後は、其《そ》のことを忘れているかの様に先生は澄《す》ましている。

罰を警戒しながらの授業中だが、私は大変大人《おとな》しくしている。良いことには、先生からの質問や朗読させられる等、指名される事はない。どうやら、手を挙げない限り指名は無い様だ。詰《つ》まり、授業を聞く振りさえしていれば、先生から攻撃される事はない。只、この「守《まも》り」だけの時間は、夢中になるものが無い今の私にとっては考え事や空想さえもままならず、逆に授業を拒否しながら、只管《ひたすら》放課を待つ身に及んでは耐えがたい時間となる。ところが何時しか、私は授業を参観していた。何処《どこ》か何故か、先生の授業が一風変わっている様で……先生の質問に誰がどう答えるか、関心を持って聞いていた。瞬《またた》く間《ま》に授業は終わるが、更に授業を続けて欲しいと思った。

❐四月中旬、新学級にも馴染む頃

「イイ君に殴られた」、朝方早々に孝が私に訴えてきた。どうやら昨日、面子《めんこ》で狡《ずる》をした勇を彼が咎《とが》めたことで逆に遣《や》り返された様だ。

タカ（加藤孝）を始め、教室でのふざけ仲間は本校では四年一組のチュウ（小島忠）にトウル（中島徹）、四年三組のタケ（加藤武）の四人。通学では、飯田街道からは反対方向となる彼等三人と、これまで教室以外で何かをしたという事は無いが、そこは悪餓鬼同士、私を「大将」と慕ってきている様だ。「教室の大将」では、ライバルと目《もく》し始業式から敬遠してきた勇《いさむ》（イイ君）だが、孝の訴えにその決着を強く意識し「決闘」を決める。「果し状」は、何度もノートを千切《ちぎ》って書き直し、昼までには書き上げた。給食が終わると直ぐ、半分に折った「果し状」を孝《たかし》から教室を出る寸前の勇《いさむ》に手渡す。彼は、暫《しばら》く紙を開いていたが丸めてポケットに入れ、窓際の後部席から窺《うかが》う私を睨《にら》み付けながら大きく頷いた。

はたしじょう（果し状）。大義では「一、たかしのかたき」、場所は「二、あきばさんのみなみもん」、日時は「三、きょうのごごのほうかご」、勝負の方法では「四、しょうぶはすて（素手）」と全て平仮名で書く。読むまでもなかったのか、彼にとってもこの決闘は承知の上での事であろう。あのふてぶてしさは、日頃から我々の関係を苦々しく思い、近所の孝《たかし》を敢《あ》えて苛《いじ》める事で逆に喧嘩を売ってきた、そう思える程に益々《ますます》勝負の厳しさを思う。しかし、ここは一番「教室の大将」の登竜門と覚悟を強めていく。

秋葉さん（秋葉神社）には島田街道を右に出て間も無く、街道から右側に分かれる田圃《たんぼ》の中の一本道を森まで……私は、五時間目の午后の授業が終わると直ぐ、決闘を申し込んだ礼儀として先に勇《いさむ》を迎える為に秋葉さんの南門に向かった。

待つこと十五分程。彼はゆっくりとやって来る。そこから二人は境内を並んで歩きながら、互いに決闘の理由を告げる。

「タカ（孝《たかし》）の敵《かたき》だガヤ！」

「たーけガ！　コッケ・・・・・はタカの何だガヤ！　おみゃー達にデラ（めちゃくちゃ）ムカツイトルガヤ!!」

二人は、相撲大会の土俵跡に着くと直ぐ、互いに上着を脱ぎ捨て、一旦構えて睨み合う。この「素手の戦い」は日本では武士の格闘技となる相撲、殴り合いや蹴り合いにはならずに取っ組み合いになる。まずは、体当たりが出来る様に構え、咄嗟に透《す》きを見つけ飛び込む、正にその寸前！

「お前等《ら》、待て!!」

大声に二人は構《かま》えたまま振り向くと、何と！　蘇我先生が猛烈な勢いで向かって来る。直ぐに二人はその場に並び、唖然とした思いで先生を迎える。その後から孝が走って来る。

「お前達、元気が余っている様だ、その元気を先生に呉《く》れないか！」

「ハイ……」、「ハイ」

先生は行き成り問いかけてくる。私は、てっきり怒鳴られると思っていたが何のことか判らないままの生返事、続いて勇《いさむ》も返事する。

「よし！」、「よおし！」、二人の返事に満足そうに二度頷くと、先生は上着を脱いでその場で構《かま》える。

「二人一緒に、掛《か》かってこい！」、これが「罰」と気付き渋々行くが、直ぐに投げ飛ばされ次の勇も同じ有様。それに、先生には手加減がない。

「だらしないなぁー、二人で俺《おれ》を倒《たお》してみろ！」、本気の先生に今度は二人で一斉《いっせい》にぶつかるが、直ぐに撥《は》ね飛《と》ばされる。

「もう一丁！」、掛け声と共に飛び込んでは組み、組んでは投げ飛ばされること四〜五回、次第にしがみ付く間は長くなり、終《しま》いには足に一人、腰に一人が絡《から》み付き、そのまま押し切り先生と共に倒《たお》れ込む。

「さすがはお二人さん、強いわ！」、尻餅をついたまま先生は、息も荒げに褒めながら立ち上がる。そして、転んだままの我々に手を貸し、こう宣言する。

「二人の決闘はこれで終了！　いいな」


先生に誘われるまま土俵跡から神社の石段まで行き、四人並んで腰掛ける。やがて、先生が語り始める。そのあらましは、虚弱体質で小柄だった小学生の頃は同級生には何時も苛《いじ》められていたこと、それが悔《くや》しくて中学生から柔道を始めたこと、其《そ》の自分に比べて二人が元々強くて羨《うらや》ましいこと。最後は孝に柔道を勧め、そうすれば二人に勝てると笑った。やがて、一人爽《さわ》やかさだけを残して先生は去って行く。何時までもニコニコと見送る三人。その後ろ姿は正に男！　蘇我先生は「男先生」の名に相応《ふさわ》しい。

翌日。先生は跳び箱等、体育準備を私と勇《いさむ》に、昨日の相撲の誼《よしみ》と言いながら手伝わせる。以後、体育委員に二人は任命され、朝のラジオ体操や体育《たいいく》授業の率先《そっせん》に当たる事になる。

❐五年生の算数は、分数の加減算から始まる

分数の授業では、七等分による四年生時の苦い経験となった「羊羹《ようかん》騒動」が思い出される。

さて、五年生の学習は、一般的・日常的に使用される社会生活に必要な知識全般を対象とする。その「算数」では「整数」、「分数」に続き、長さ・目方・容積・温度の計測、あるいは金利計算等で使用される「小数」・「負数」までを学ぶ。ところで四年生になっても真面《まとも》に勉強した事のない私だが、物を切って分けるという日常的なことから、五年生の「分数」の授業に付いていけない、と言う程の事でも無い。只、計算の訓練をさぼった事で、五年生になっても計算は指で数える。それがそのまま続いた為、計算を苦手とした。

指を使って数える……正数の加減算で指を使うのは精々小学二年生迄であろう。この方法では、例えば〔5（元の数）＋4（加える数）〕では、加える数（4）を指で出し元の数（5）の次の数（6）から出した指（4）を順番に、6・7・8・9と折って数え答え（9）を出す。又、減算での〔8（元の数）－3（引く数）〕では、引く数（3）から次の数（4）を順番に、4・5・6・7・8と元の数（8）まで指を折って数え、折った指で答え（5）を出す。しかし、一つずつ指で数えることで計算が遅くなり、焦ると出す指・折る指を数え損《そこ》ねる。

数える事が計算であるが、数が少なく、その結果を指で確かめる事が出来る場合で、精々小学二年生までの計算の仕方。数が多くなる小学三年生からは、「計算を速く正確にする」為には、その一桁同士の計算結果を暗記しておく必要がある。例えば、掛算の〔9×9〕までの〔81〕通りを覚える様に、加算では一桁同士の〔9＋9〕までの〔45〕通り。減算では一桁同士の〔9－8〕までの〔45〕通りと、桁の繰《く》り下げ〔18－9〕までの〔36〕通り、合計〔81〕通りの答えを暗記することになる。この「加減算での暗記」は、計算ドリル等で繰り返し練習することで、自然に覚えるのだが、その訓練がなかった私の場合、小学五年生になっても桁ごとに指を出して数えており、そのまま数えることが「確かめる」ことになると、思い込んでいた。

この数える……買物での釣銭では、日本の場合暗記を利用する引算で一度に計算する。しかし、外国での多くは、その値段から支払った金額まで一コイン・一札《さつ》ずつ、現金を渡しながら数えて加算していくが、どちらの場合が確かなのか……「0」と「1」しか数字を持たないコンピュータでは、四則演算の全ては数えて計算する。例えば「5×5」では「5」を5回数える、詰まり数《かぞ》えることが計算することであるが筆算では、「速く正確」の為には暗記を利用する事になる。因みに数学が盛んなインドでは、「掛算」の三桁まで暗記させる学校もあると聞く、その三桁では「一体何通《なんとお》りになるのか?」、数えるだけでも気が遠くなる。

❐等分による「羊羹騒動《ようかんそうどう》」

当時、羊羹は最も高級な御八つの一つである。我家は七人兄姉、その7等分は権威ある大姉、一富美の役目。

その一本は、最初に二つに分け、小さく切られた方は三つに、大きく切られた方は真ん中から二つに分け、その二つは真ん中から切る。こうして、素早く目安で七つに分けられる。等分された羊羹は、年下から順番に選び取り残った一切れを一富美が取る。ところが、私とちびっ子二人は、選んだ一切れが他より小さく見え何遍も選び直そうとする。そもそも、その選び直しが揉《も》め事の始まりだが、私にとって問題は、取り順以上に分け方（等分の仕方）である。

「ちゃんと測《はか》とって、切《き》るガヤ！　クソタワケガ」

「それなら、お前が測って切って、残った一切れを取ったらどうだ！」

私は、その目安での切り方に不満をぶつけてみたが、間髪容れず兄からの要請、そこは素直に従う。早速、定規を持ち出し念入りに測ってみる。羊羹の長さは「18㎝《センチ》6㎜《ミリ》」。その7等分となる計算では、7の掛算でその長さを超えない数字を探《さぐ》る。7×3では21㎝でその長さをオーバー、先《ま》ずは2㎝ずつ、7×2は14㎝で残りは4㎝6㎜となる。同様に46㎜は、7×6では42㎜、次は6㎜ずつで残りは4㎜。これまでに、一切れ2㎝6㎜までは測ることが出来た。残りの4㎜には7の掛算には無い、兄からは余りの4㎜を40にして7で割る様に、と言われ割算を式にして教わり「5」と余りの「5」を算出。しかし、4㎝6㎜を46㎜としたことは定規のメモリですぐに理解出来るが、4㎜を40にしたことには意味不明。そのまま2㎝6㎜の下に、「5」を置いて、2㎝6㎜5……余り5。

「その下《しも》の『5』を四捨五入すれば2㎝7㎜。詰まり、羊羹を7等分したその一切れ、という事。大変よく出来ました！」

「5」と余り5を書き終えると、兄から又《また》も意味不明なことを言われたが、直ぐに褒められ測ることできっちり7等分出来た、と私は得意になった。早速、羊羹の端から2㎝7㎜を測り、一切れずつ切っては直ぐに配《くば》り、測っては直ぐに切って配る。この様な具合で妹から順に渡していった。そして、兄への最後の一切れに定規を当てた途端！　私は思わず目を疑う、明らかに一切れ残る私の分は、２㎝７㎜の兄の分より余程に小さい。

「騙された！」、と気付き私は咄嗟に定規を外して、その真ん中から切ろうとしたが、許されるはずもない。兄の分は、きっちり２㎝７㎜に切らされたうえに勉強をしない私が「どれ程《ほど》、阿呆《あほ》か！」、と執拗《しつよう》な苛《いじ》めに遭ってしまう。

悔しがる私を見兼ねてのこと。母は、私とちびっ子二人に折り紙を折りながら、その等分の表し方として「分数」を教えてくれる。７等分では、目分量で折り紙の折り目を調整しながら「等分」することが出来る。しかし、測る為に等間隔に刻まれた目盛りの数字では、「等分数」で割れない場合、きちんと「等分」することが出来ない事を知る。因みに、小学四年生では「分数のいろいろ」を教わる。

〈参照〉「**分数のいろいろ**」

分母……等分数（例、$\frac{1}{7}$の下の７）

分子……配分数（例、$\frac{2}{7}$の上の２）

仮分数……分子が分母より大きい分数（例、$\frac{8}{7}$）

帯分数……整数と分数の組み合わせ（例、$1\frac{1}{7}$）
$1\frac{1}{7}$は$\frac{8}{7}$の仮分数となり
$\frac{7}{7}$の1と、$\frac{1}{7}$の組み合わせ

約分……分母と分子を二つ以上の整数に、共通の約数・公約数で割る（例、$\frac{3}{9}$の
3と9を共通の約数3〈公約数〉で割ると$\frac{3}{9}=\frac{1}{3}$となる）

今日の算数の授業は、「等分数」が同じもの同士の加減算。

「例題1」では、単に分子同士を足《た》すだけ、そうした計算手順を覚える事で、簡単に計算は出来る。しかし、分数同士を足すこと自体の意味は分からない。それに分母同士は何故足されないのか？　……具体的な問題にして試してみる。

まずは、一本の羊羹を5等分（等分数）にすると、同じ大きさの一切れ（$\frac{1}{5}$）が5個になる。最初にその一切れを配り、次に三切れを配ると合計では同じ大きさの一切れ（$\frac{1}{5}$）が四切れ（$\frac{4}{5}$）配られた事になる。詰まり、同じ数の分母（等分数）同士の加減算では、その配分数（分子）を求める事になる為、分子同士だけの加減算になる。

例題1．

$$\frac{1}{5}+\frac{3}{5}=\frac{1+3}{5}=\frac{4}{5}$$

例題1．の具体例（羊羹）

$$\frac{1\text{切}}{5\text{等分}}+\frac{3\text{切}}{5\text{等分}}=\frac{1\text{切}+3\text{切}}{\text{同じ}5\text{等分}}$$

$$=\frac{4\text{切（配った数・配分数）}}{5\text{等分（等分した数・等分数）}}$$

例題2．

$$\frac{2}{5}+\frac{4}{5}=\frac{2+4}{5}=\frac{6}{5}=1\frac{1}{5}$$

「例題2」では、分子同士を足すと、等分した数《かず》より配った数《かず》が多くなる仮分数になる。余計なことだが「かぁぶんすぅ」、「かぁぶんすぅ」と、囃《はや》されていた弟の同級生で頭の大きな一年生がいたが、この「仮分数」の事だと、この授業で初めて気付く。さて、一本の羊羹ではそれを5等分すれば、五切れ（$\frac{5}{5}$）しかないのに、六切れ（$\frac{6}{5}$）配ったことになる……「例題2」では、「$\frac{6}{5}$」の仮分数は一本（1の正数）と一切れ（$\frac{1}{5}$の分数）の組み合わせ、「$1\frac{1}{5}$」の帯分数になっている。詰まり、羊羹は一本ではなく、2本の同じ長さの羊羹をそれぞれ5等分にした後、それぞれから二切れ（$\frac{2}{5}$）と四切れ（$\frac{4}{5}$）、合計六切れ（$\frac{6}{5}$）を配ったことになるが、全体の二本としては「一本（$\frac{5}{5}$）」と「$\frac{1}{5}$」の一切れを配ったことになる。又、仮分数は、計算過程に出来る仮《かり》の分数であることが判る。

■次の分数の授業は、異なる分母同士の加減算

黒板の問題の「例題1」を先生が説明する前に、私は具体的な問題にして、二本の羊羹を並べて絵を描き、一本目を二等分にしてその一切れ（$\frac{1}{2}$）と、二本目を三等分にしてその一切れ（$\frac{1}{3}$）を一本に寄《よ》せる。その合計の絵（実物）では、「$\frac{1}{3}$」の一切れの半分程が余る。黒板では、数式が書かれ答えは「$\frac{5}{6}$」、私の絵でも羊羹一本の「$\frac{5}{6}$」程になる。やがて、計算式を書き終えた先生は、何やら「通分」の説明をしている。だが、具体的にすれば一人で解けると考えていた私は、その答え「$\frac{5}{6}$」に捉われたまま、この足算の意味を、再

び具体的な問題に当て嵌《は》め考え始めた。

その答えの「5/6」に、二本ではなく一本の羊羹に戻りながら、それを二等分（1/2）に切って、その「1/2」を配《くば》り、次に三等分に切って……二等分に切ってしまったものを、どうやって1/3に切り直す事が出来ると言うのだ。そこで、最初に「1/2」に切りその「1/2」を一切れ配り、次に残った「1/2」を「1/3」に切ってその「1/3」の一切れを配る。すると大きさの異なる二切れを配ったことになる？……やはり、その答え「5/6」からは、同じ等分同士の足算、その配分数の合計問題とは違う様だ。そう思いながらノートにはそのまま黒板を写し取り、教室に疑問を残したまま、私は家に帰って密かに一本の羊羹に見立てて、以前母に習った様に新聞紙を折ってみた。

この頃には、母の学習塾に通《かよ》う正男達を思うと「勉強をしなければ」、と焦りを感じてはいたが家で勉強する事はなかった。習字塾も校長先生の異動で春休みには終了していた。又、此れまでの「男の世界」では、家に帰ってまでも勉強する事は女々しい事であり、それに真の秀才ならば学校の授業だけで充分、それだけに外ではよく遊ぶという世間の評判には、自負にも似た思いもある。それ故に、今更家族から勉強を教わる事には気恥ずかしい思いがある。

さて、誰も居ない家で新聞紙を「1/2」に折り、さらに重ねて「1/3」に折る。詰まり、半分（1/2）に切った羊羹を重ねて、さらにその上から三等分（1/3）に切ったことになる。

重ねて折った新聞紙を開くと、折り目で六つに分かれ、その「$\frac{1}{2}$」は「$\frac{3}{6}$」に、「$\frac{1}{3}$」は「$\frac{2}{6}$」となり、「$\frac{3}{6}$」と「$\frac{2}{6}$」では「$\frac{5}{6}$」になることが見て取れる。早速、ノートに写し取った黒板の数式「例題1」と照《て》らし合わせる。

【通分の方法】

①「互いの分母」を「互いの分母と分子」に掛け合わすことで、分母を共通にした「互いの分母」の倍数の分数にする。

②「互いの分母」の共通な最小の倍数（最小公倍数）を「互いの分母」にすることで、分母を共通にした「互いの分母」の倍数の分数にする。

更に、黒板の「例題2」を新聞紙を「重ねて折る」方法で試してみる。同じ答え「$\frac{11}{12}$」が見て取れる。この「重ねて折る」ことは、「互いの分母」に「互いの分母と分子」を掛け合わせる事と同じになり、この「通分」することで、異なる分母同士の加減算が、同じ分母同士の加減算となることが解る。詰まり、その計算手順は理解するが具体的な問題としてこの加減算は、どの様なことなのか再び考える。

例題１．(問題)

$$\frac{1}{2}+\frac{1}{3}=\boxed{}$$

例題１．(計算式)

$$\frac{1}{②}+\frac{1}{③}=\frac{1\times③}{2\times③}+\frac{1\times②}{3\times②}$$

$$=\frac{3}{6}+\frac{2}{6}=\frac{3+2}{6}=\frac{5}{6}$$

※②と③を通分（６）

例題２．

$$\frac{2}{3}+\frac{1}{4}=\frac{2\times4}{3\times4}+\frac{1\times3}{4\times3}$$

$$=\frac{8}{12}+\frac{3}{12}=\frac{11}{12}$$

二本の羊羹を絵描き、その一本を二等分にしてその一切れ（$\frac{1}{2}$）と、二本目も三等分にしてその一切れ（$\frac{1}{3}$）を配ると合計は二切れ配ったことになるが、大きさの異なる一切れ、その個数を足すことに何の意味があると言うのか……否、この問題は「配分数」の問題ではなく、「割り当て分」（分量）の問題である。最初に羊羹一本の二等分（$\frac{1}{2}$）を割り当て、次に同じ大きさの羊羹一本の三等分（$\frac{1}{3}$）を割り当てると、その合計の割り当て分は、異なる大きさの分数（$\frac{1}{2}$）と（$\frac{1}{3}$）を通分する事で、同じ大きさの分母（$\frac{3}{6}$）と（$\frac{2}{6}$）となり分子同士を足す事が出来る様になり、その合計の割合（$\frac{5}{6}$）を出す事が出来る。只、通分する事で羊羹一切れの大きさが揃い、その分子を配分する個数として合計することも出来るが、異なる分母同士の加減算は、「割り当て分」を算出する問題であり、以下にその具体的な問題を考える。

　砂糖を大さじに「$\frac{1}{2}$」杯、煮物に入れたが味が薄いので、大さじに「$\frac{1}{3}$」杯を追加した。さて、この二回で入れた砂糖の分量は、大さじ何割分になるのか？

　ところで、重ね合わせて折った新聞紙からは「分数のいろいろ」を以下に見て取ることが出来る。

　「$\frac{1}{2}$」と「$\frac{3}{6}$」は、共に新聞紙の半分。「$\frac{3}{6}$」は、その分母・分子を公約数の「3」で割り、「約分」すると「$\frac{1}{2}$」となり簡単にすることが出来る。逆に、「$\frac{1}{2}$」はその分母・分子に公倍数の「3」を掛けると、「$\frac{3}{6}$」となる。因みに、分数を簡単にする為の約分、例えば「$\frac{4}{8}$」の公約数は「2」と「4」があり、その「最大公約数」の「4」を使うことで「$\frac{1}{2}$」になり、簡単になって計算しやすくなる。又、通分する為の公倍数は、計算を簡単にする為には、逆に、その最小公倍数を使う必要がある。

❒予習。次の授業からは分数同士の掛算と割算

掛算の計算手順では、互いの分母同士と分子同士を単に掛けるだけで簡単である。しかし、分数同士の掛算の意味を理解出来ず、具体的な問題を考えることも出来ない。只、新聞紙を折り重ねることで、その数式を以下に解析することが出来る。

「例題1」において、最初に新聞紙の一面を「$\frac{1}{4}$」に折り、重ねて「$\frac{1}{3}$」に折り開くと、折り目で「12」に分かれる（$\frac{1}{12}$）。

そこでの「$\frac{3}{4}$」は「$\frac{9}{12}$」、その「$\frac{9}{12}$」の「$\frac{2}{3}$」は「$\frac{6}{9}$」になっており、その「$\frac{6}{9}$」は一面（12等分）からは、「$\frac{6}{12}$」になることが見て取れる。

序《つい》でに、分数同士の割算を考える。

「例題2」より、その計算手順は、単に割る側（$\frac{3}{4}$）の分母と分子を入れ換え（$\frac{3}{4}$）、分数同士の掛算にするだけ。しかし、分数を分数で割ることの意味は不明。又、如何《どう》重ねて折るのか、折り紙で表すことも出来ない。

例題１．（掛算）

$$\frac{3}{4}\times\frac{2}{3}=\frac{3\times2}{4\times3}=\frac{6}{12}=\frac{1}{2}$$

例題２．（割算）

$$\frac{6}{12}\div\frac{3}{4}=\frac{6}{12}\times\frac{4}{3}$$

↓　　　↑

分母・分子の入れ換え

$$=\frac{24}{36}=\frac{2}{3}$$

↓　↑

12で約分

❐算数の余興授業

分数の加減算が一段落した後の授業。先生は教壇に着くなり礼も早々に、突然黒板に向かって問題を書き始める。

> **問題（鶴亀算）**
>
> 足が64本、亀は鶴より4羽多い、亀は何匹で鶴は何羽。

この様な余興的な問題は、教科目授業の合間を縫って、出される。今回の問題に対して、私は早速ノートに「足が4本、多い方の亀4匹（足16本）」を最初に横に並べ、その後から「足4本の亀」と「足2本の鶴」を2段、「合わせて足6本」を足の合計が「64」になるまで順に並べてから、亀と鶴の数《かず》を数《かぞ》えようとした。只、足6本を6本ずついちいち足《た》すのが面倒で、先に適当に「亀」と「鶴」の同数を宛《あ》てがい、そこから足《た》らない足数まで「亀」と「鶴」を並べることにした。宛《あ》てがった同数は8羽。その足の合計は何と！「64本」、直《ただ》ちに数《かぞ》えて亀は「12匹」、鶴は「8羽」と答えが出た――まだこの問題で手を挙げる者はいない。そう思うと心臓がときめき頭に血が上る。授業では、五年生になって正《まさ》に最初の挙手である。

「よし！　山岡」

暫くためらった様子で私を見詰めていた男先生だが、頷《うなず》くと、その迷いを吹き飛ばす程の大声で私を指名。

「亀12匹！　鶴8羽だガヤ！」

「よし！　正解」

早々の解答、それが意外にも私だけに、男先生も興奮している様子。

「それでは、答えに至るまでを黒板で示せ！」

「……」、亀と鶴の数だけのこと、と急いだだけに先生の指図《さしず》には戸惑《とまど》ってしまう。それも、黒板では「数式」の四則算《しそくざん》で答えを出さなければならない、という思いに答える事が出来ないでいる。まして、絵を書きながら一つずつ数える、そんな幼稚な方法では尚更《なおさら》答えるわけにはいかないのだ！

「わからんだで（出来ないから）……」

「兎に角、如何《どう》やって答えを出したのか、説明してみろ！」

「出来んガヤ！」、先生の再三の促《うなが》しにも、私はただ拒否を繰り返すだけ。

「答えが出ているのに、何故だ!!」

私を睨《にら》んだまま男先生は一瞬大声をあげたが、直ぐに気を取り直した様子で「わかった」、と一言。

「誰か、他《ほか》に解《と》けた人は……」、この問い掛けから先生は暫く待つが、挙手する者はいない。恐らく皆も「数式」をいろいろ考えているのであろう。やがて、先生は黒板に向かう。

鶴亀算の手順を書き終えると先生は、手順に従って答えを出す様に指示。カー君（伊藤一男）が最初に手を挙げ黒板に向かう。彼はクラス一の秀才と目《もく》される。


一男の解答の下に、先生が方程式・鶴亀算を書き加えた。

先生の説明では、この問題から解答を導《みちび》き出す方法は色々あるが、黒板では「特定数を式に当て嵌める方法」、即ち「方程式」により解答を導き出した、とのこと。そして、「式が成立する為の『特定数』を色々定めて問題を作る様に」との指示がなされる。私は「解答を導き出す方法は色々ある」、と言う先生の言葉に自信が戻《もど》り、この問題には積極的に取り組む。

クラスは四つのグループに分けられ、それぞれでこの方程式を試算することになる。我々のグループでは、私から適当に「多い方の多い数」と「全体の足数」をあげた。そもそも方程式は魔法、適当に数字を当て嵌めるだけで答えに辿り着く、という思いから出た数字である……全体の足数「80」、次に多い方の亀の多い亀の数は「10」、亀と鶴の足数の合計は実際のまま「6」、それぞれを当て嵌《は》めるが結果は、「少ない方の数」は「6」と余り「4」となる。詰まり、式が成立しない。その為、私の方法で「4」と「2」を並べた絵を書き数《かぞ》えてみる。それによると、「80」より「4」少ない「76」で少ない方の鶴の数「6」、多い方の亀の数「16」と

【鶴亀算の手順】

1．異なる足数を一組として、その「一組の足数」を求める。

2．多い方の「多い数」、その「多い数の足数」を求める。

3．「全体の足数」から「多い数の足数」を引き「一組での総足数」を求める。

4．「一組での総足数」を「一組の足数」で割り、異なる足数の同数を求める（その同数が「少ない方の数」）。

5．「少ない方の数」に「多い方の多い数」を足し、「多い方の数」を求める。

1．2＋4＝6（1組の足数）

2．4×4＝16（多い数の足数）

3．64（全体の足数）－16（多い数の足数）＝48（一組での総足数）

4．48（一組での総足数）÷6（1組の足数）＝8（異なる足数の同数・少ない方の数）

5．8（少ない方の数）＋4（多い方の多い数）＝12（多い方の数）

答：亀は12匹、鶴は8羽

【方程式：鶴亀算】

1．特定数……(イ)異なる足数　(ロ)多い方の多い数　(ハ)全体の足数

2．式……(全体の足数－多い数の足数)÷(異なる一組の足数)＝少ない方の数

少ない方の数＋多い方の多い数＝多い方の数

なる。又、「76」にその一組の足数「6」を足した「82」では、少ない方の鶴の数「7」、多い方の亀の数「17」となり、絵からは(イ)異なる足数、(ロ)多い方の多い数、(ハ)全体の足数、それぞれの特定数との関係が見て取れる。ところで、出題となる「全体の足数」は問題を作る為にその問題の答えに合わせ、予《あらかじ》め計算しておく必要がある。この意味では、答えが先にあって問題が後から作られるこの方程式は、実際の問題を考えた場合、本末転倒の様に思えるのだが……先に答えがあるから、その答えに合う数（特定数）があり、その答えに成る様に計算式がある。詰まり、「方程式」は式の中の未知数に、特別の値（特定数）を与えるときだけ成立することになる。只、「多い方の多い数」は整数であれば幾らでも当てることが出来、又「異なる足数」では、足数が異なれば鶴・亀の2羽以上、幾らでも組に入れることが出来る。そのことを、絵を書きながら発見した我グループは、以下の問題を発表。


「問題」

足が96本、亀は鶴より3匹多く、兜虫《かぶとむし》は鶴より4匹多い。

鶴は何羽、亀は何匹、兜虫は何匹。

「鶴亀兜算」。この方程式が成立した瞬間の興奮が覚《さ》め遣《や》らぬまま、次の授業も算数の時間割となる。

鉄は熱いうちに打て、とばかりに続ける算数の余興授業だが、残念ながら今回は「余興問題」と言っても教科書の「分数の問題とは別」、と言うだけで単に「一から五十まで、すべて足す」、と言う計算問題であった。この足算が出来ない者はいないだろう。皆、一斉に取り掛かる。


「ハイ、出来ました」

「それでは中村」

「答えは１２７５、だガネ！」

「正解！」

私が15まで足し終わった時には、二人の優等生、一男と四郎（中村四郎）の手が、ほぼ同時に挙がり、四郎が答えた。

「次からは、先生もその足算に参加する。先生と競争だ！」

「……」

「誰か、問題が出せる人」

「ハイ、六十一から九〇でワ！」

四郎が問題を答えると同時に、先生は妙なことを言い出し、問題までも要求する。立ったままの四郎から問題が出される。算盤塾に通う四郎にも余程の自信があるのであろう。問題が黒板に走り書きされ、一斉にスタートする。

「ハイ！　出来ました。２２６５なり」、その30秒程、私が3番目の63を足し終わったその時、黒板に向かったままで先生は「２２６５」と答えながら書き終えている。暫くして、四郎達からも同じ答えが報告される。その後も、生徒側から立て続けに二問が出されるが、何《いず》れも男先生の圧勝、その速さはまるで魔法である。

「これから、前の授業の方程式の復習に入る」

あまりのことに、最早《もはや》問題を出す者も居なくなると、先生は自《みずか》ら、その魔法を「方程式」として明かした。その説明には連続する数を実際に並べ、数える方法で行われる。


この方程式では、「答え」が先にあってから問題が作られる鶴亀算とは違《ちが》い、問題が先にあってから式を通じて答えを求めることが出来る。それだけに便利で、その発想の凄《すご》さ、頭の良さを充分に感《かん》じさせられる。だが、特定数が決まる事で「答え」が決まり「答え」がある事で特定数が決まる、と言う関係に於いては先に答え（結果）があり、そこに辿り着く為の一定の方法だからこそ「方程式」と言えるのであろう。

再び、前と同じグループに分かれ、その方程式の問題を色々特定数を変えることで試した。

例、1から順に10までの足算

$$
\begin{array}{r}
1+2+3+4+5+6+7+8+9+10=55 \\
+\quad 10+9+8+7+6+5+4+3+2+1=55 \\
\hline
11+11+11+11+11+11+11+11+11+11=110
\end{array}
$$

連続する数字の数＝10
始まる数＝1
終わる数＝10
(1＋10)×10÷2＝55

方程式：連続する数の足算
1．特定の数……連続する数字の数、始まる数、終わる数
2．式……(始まる数＋終わる数)×連続する数字の数÷2

我々のグループでは、「19」から「44」まで、途中から始まり途中で終わる連続数を計算し、その失敗の原因を発表した。

各グループの発表後、更に教室を沸かせたのは、この方程式誕生のエピソードである。

一七世紀後半、あるドイツの小学校での出来事。雑用で忙しい先生は、その仕事を算数の授業時間に充てる為、わざと時間が掛かる問題、「１」から「１００」までの連続する数の足算を生徒に出題。そして、その解答には授業時間いっぱいを予定していた。しかし、僅《わず》か3分足らずで一人の生徒が手を挙げ「合計、５０５０なり」、と告げる。極《ごく》早くとも解答を出されては仕方無い。先生も「１」から順に足していき、その答えが正解である事を多くの時間を掛けて突き止める。それだけに、その超スピード解答には疑いを持って問い質した。

この方程式は、ドイツの数学者、ヨハン・カール・フリードリヒ・ガウス（１７７７年〜１８５５年）が、小学三年生のこの時の授業で発見する。

❐「余興問題」の波紋

授業の興奮を引きずったままその晩、私は早速中学二年生の姉にその問題を

19（始まる数）＋44（終わる数）＝63（重なる数）
44－19＝25（連続する数字の数）
(63×25)÷２＝787…１（余り）で式は不成立。

出してみた。

「これ、出来るだガヤ（出来るか）？」

「鶴亀兜虫算」の問題を紙切れに書き、いきなり彼女の机の上に置いた。驚いた様子の由紀だったが「宿題を聞きに来た」と思っての事であろう、直ぐに笑いながら問題に取り掛かる。その紙には何やら、しきりに「X」とか「Y」とかを使って式を書いている。式には何遍も消しゴムが走る。やがて、彼女の顔が真っ赤になっていく。

「たわげガ！　何で中学生で解けんガヤ！」

「どうせ、少年画報か何《なん》か、とろくせやあ雑誌の謎々《なぞなぞ》だろうガネ！」

私が責めると彼女は怒り出し、その紙切れをそのまま丸めて襖目《ふすま》掛けて投げ捨てる。丁度その時、下宿先から帰って居る一富美が、襖《ふすま》を開けて入って来た。

「コッケが、下《くだ》らん問題持って来《き》とって、勉強の邪魔するガネ！」、直ぐに由紀は大姉に訴える。しかし、彼女を無視する様子で丸めた紙切れを拾うと、一富美は紙を開いて問題に目を走らせ、ニヤと笑った。

「コッケは、この問題が出来るのか？」、その問いに私は得意げにその方程式に取り掛かる。

「コッケ、凄いぞ‼」、解答が出た途端！　それまで計算をジーッと見詰めていた大姉が私を大いに褒める。得意そのままに、すっかり調子に乗った私は、今度は大姉に向かって口から出《で》任《ま》せ《か》の数字を並べ「連続する数字」の足算問題を出す。

「29から63まで足すガヤ！　どっちが速いか？　競争だガヤ！」

私の挑戦に、笑いながら応じた大姉は直ぐに計算を終わる。そして、私の計算を見守る。しばらくして解答が出ると、彼女は再び私を褒めた。

「コッケ君、凄いぞ！」

翌朝。急ぎの朝食中、いきなり母から昨夜《ゆうべ》のことを尋ねられる。

「言志、勉強を始めたんだって！」

「勉強なんかしとらんガヤ！　謎々《なぞなぞ》だガヤ！　クソダワケガ！」

思いもよらぬ母の問い掛けに、私は慌てて否定するが照れ臭さもあり、久し振りに悪しき口癖「クソダワケガ！」が出る。そんな私に母は構う事なく、独り言の様に話を続ける。

「お前は、大学の先生の知能テストではクラスで一番。元々頭がいいだけに、少しでも勉強すれば直ぐに出来る様になるのに……」、この小学二年生の知能テストの事は、事ある度《ごと》に母から聞かされる。しかし、私にとってこの事は何時からでも勉強が出来る様になれる、と妙に自信めいたものになり、その分余計《よけい》に勉強を舐《な》めてきた。


さて、今日は余興授業こそ無いが、普段の授業にも力が入る。下校はたまたま正男と一緒になるが、帰りを急ぐ塾通いの彼と、道草の多い私とが一緒になることは稀《まれ》である。別れ際、玄関先で小母《おば》さんと挨拶を済ますと早々に、昨夜《ゆうべ》のことを尋《たず》ねられる。

「コッケ君、一人で勉強始めりゃーたげな！　感心だガネ！」

既に噂は広まっている！　それを耳にした正男も驚いた様子で私を見詰《みつ》め直すが、同級生にも知られたかと思うと、私はすっかり動揺してしまった。それも此れまで、家に帰ってまで勉強する同級生を散々馬鹿《ばか》にしてきただけに尚更のことである。そして、小母《おば》さんにも噂《うわさ》を否定するどころか、一言もなく遣り過ごしてしまった。やがて、主役の噂に翻弄《ほんろう》された先の学芸会での苦《にが》い思いが頭を過《よぎ》り、何が何でもこの噂を止めなければ、と強い思いに駆られる。そして、噂を流した張本人を問い詰める為に、逸《はや》る気持ちで玄関を開《あ》けた。

家は静まり返っている。母や姉達はまだ帰っていない。ちびっ子弟妹も塾で母と一緒であろう。それにしてもこの時間に誰も居ないことは、我家の日常である。静けさにその日常を知ると、何やら肩透《かたす》かしを食らった様に、噂を流した張本人、母への怒りが収まる。やがて、下校を急いだ理由の当番を思い出し、茶簞笥《ちゃだんす》から買物メモと現金の封筒を引き出し、焜炉《こんろ》用の灯油を買いに自転車で出掛けた。

その晩。床に就くと「勉強」について、男先生の昨日の話を思い出していた。それは、連続する数の足算の授業での事。他のグループでは「0」から「10」までの数字で試算する。その際「ゼロ（0）は、数《かず》か数《かず》ではないか」、議論となった。その途中で先生から「ゼロ（0）」に関しては、「次のテーマ」にすることで、一旦、議論は打ち切られる。その直後、先生は「勉強」について次の様に語る。

疑問を晴らす為に調べる。すると、今日の様に次の疑問が湧いてくる。だから又調べる。これを繰り返すことで学習が出来る……こうした男先生の勉強論、確かに余興の授業でいろいろ調べることは面白いが、「余興授業が勉強」とは全く思えない。増してや、姉達と遊んだ「鶴亀算」が家で勉強した事になり、その噂が広まった今では尚更承服しかねる。そもそも、兄姉達が徹夜で勉強している様子に「自《みず》らの疑問を調べている」、とは到底思えない。勿論、その勉強がテストや進学受験の為であることは承知している。只、自らの疑問を母や兄姉達に聞いたり、本棚で調べたりすることは以前から私にとっては普通の事である。又、学校の授業でも疑問に思うことは少なからずあり、自ら手を挙げて先生に聞くことは無いがクラスメートに聞くなり、又、家でちょくちょく調べる事はあった。それが「勉強」となれば噂の通り、私は勉強した事になる。否、その事よりも問題は、徹夜までして勉強しなければならない理由だ！そこにこそ「勉強」があって、それ以外は「勉強」とは思えないからだ！

❐何の為の勉強か

「一流大学から一流企業へ」、この様な将来コースを初めて知ったのは、四年生の夏休み前の事。「ボイコット事件」から三日後、その犠牲になったヒロ君（中島）だが、昼の放課にもかかわらず教室に残って勉強している。私はそんな彼が不思議でならず、直ぐに尋ねてみた。

「面白《おもしろ》しとる？　勉強の何処《どこ》ガヤ！」

「今日までの塾の宿題だもんだでやらないかんワ！　好きで勉強なんかしとらんガヤ！」

「そんなら何《なん》で勉強しとる!!」、彼の意外な返事に私は再び聞き返した。そして、ヒロ君が勉強する理由を知る。

大手の鉄道会社で部長をしている父親の様に、大企業へ入社して出世するには学歴が必要、その為に有名大学を目指して勉強している、と言うのだが……。

「ヒロはでら（めっちゃ）難しいだガヤ！　俺は家の仕事だもんで、勉強知らんでいいガネ」

ヒロ君の勉強の理由に逸早《いちはや》く反応したのは、指物屋《さしものや》の真人である。しかしながら、私には「末は博士か大臣か」、その為の有名大学は理解出来ても「末は部長か社長か」、その為の有名大学が今一つ理解出来ない。そもそも、電車が好きで運転手になる為に鉄道会社に入社する、ということであれば「仕事」として理解出来るが、部長や社長になる為にという事では、その為の具体的な「仕事」が判らず理解の仕様も無い。只、会社では「金儲け」が上手でなければ出世は出来ない、という事は何となく判るが、その「金儲け」と有名大学が繋がらない。それよりも、優しいヒロ君と「金儲け」が尚更繋《なおさらつな》がらないが一流企業は兎に角、有名大学は彼の夢であろう。その為の勉強には少なからず納得していたが、所詮ヒロ君のことは「別の世界」の事。

この頃の私は、兄姉達の受験勉強を尻目に、「仕事（職業）」と「教育」との関係を意識することも無く、「教え導き善良ならしめよう！」とする「教育」に反発、その先生に従って勉強する子は「先生の犬」、と蔑《さげす》んでいた。それに「悪太郎の世界」は戦いの世界、戦う日々に将来を考える暇《いとま》などはない。

あれから一年。この春、一浪の兄はエンジニアを目指し、名門大学の工学部に合格する。元々、ラジオや無線機等の組み立てが趣味であり、この大学進学は「出世コース」の為とまでは思わなくとも、急激な経済発展の時代では「より良い仕事」、「より安定した生活」の為であることを、五年生の今では承知するところ。そして、今は何よりも「大学進学」が「よい仕事」の為との思いをより強めるだけに、「勉強しなければ」という思いに駆《か》られる。既《すで》に、正男や山田も母の塾で勉強を始めていれば、尚更の事である。

「勉強を始めるぞ!!」

布団に潜って「勉強」について考え、そして噂通り勉強する事を決めたが、問題が残る。もし、私が勉強を始めたとしたら勇達は私を「裏切り者」、と呼ぶであろう。これこそ男の沽券に関わる事だ。彼等を裏切る事だけは、何としても避けねばならない。考え続ける程に夜は白々と明ける。

朝一番の教室。勇達一人一人を待って「相談がある」、と声を掛け放課後に秋葉さん（寺社）で会う約束をとる。

授業中に襲う睡魔との戦いを終え、掃除当番の四人より先に私と孝は二人で教室を出る。こうして、放課後に学校の外で六人が揃《そろ》うのは初めてのこと。道すがら、プロ野球では中日ファンの孝は、今日も杉下投手のフォークボールの話で満載である。それにしても、四年生の学芸会でのことが嘘の様に孝は今では口達者である。

寺社の相撲場の跡まで行き、途中で拾った大きな釘《くぎ》で釘刺しをしながら待つこと三十分程、走りながら勇達がやって来た。そして、土俵跡に皆が腰を下ろすと開口一番、私はこう切り出した。

「オイ、皆で一緒に勉強しょみゃあか!!」、この誘《さそ》いに五人は信じられない様子、目を丸くし互いの顔を見詰め合う。やがて、忠《ただし》（小島）の顔色が見る見る赤らみ、何やら私に文句を言う寸前。

「違うガヤ！『鶴亀算』みたいな勉強だで（だから）！クソダワケガ！」、忠の様子に、咄嗟に出た私の言い訳である。

「何《なん》だ！勉強であらすか（無い）！『鶴亀算』ワ！」、それを彼も勉強とは思っていない様である。

「そうだガヤ！鶴亀算はクイズだガヤ！勉強では無《な》ーガヤ！」、孝に至っては、「鶴亀算」は「謎々遊《なぞなぞ》び」と決めつけたが、それには皆も安堵《あんど》し納得した様子。やれやれ、「勉強」とまでにはならずとも、まずは「勉強ごっこ」まで取り付ける事が出来たことに安堵し、早速相談に入る。

「そうだで（だから）！　何時《いつ》、何処《どこ》でするガヤ！」

「明日、家《うち》でえぇガヤ！」、「遊び」となれば話は早い、それも明日から勇家《んち》で「勉強ごっこ」をすることになる。

勇家《んち》は飯田街道沿《ぞ》い、平針の町並みの中頃にある。街道に沿《そ》う長い土間は、朝夕には新聞配達と牛乳配達の作業場となる。ところで、勇は如何《どう》やら末っ子らしいが、隣りの食堂には「姉《ねえ》さん」と呼ぶ人、砂利トラックの運転手には「兄《にい》さん」と呼ぶ人等、多くの「姉《ねえ》さん」や「兄《にい》さん」がおり誰が実の兄姉なのかは判らない程、周囲には親族が多い様だ。

翌日の土曜日。午前中の授業を終えて給食を済ますと、私と孝は掃除当番の勇達を手伝いながら六人揃って教室を出た。

長い土間には、午后からしばらく使われない作業用の長台があり、三人ずつ両側に分かれて座る。挨拶も早々、小母《おば》さんがジュースと駄菓子を運んで来る。その嬉しそうな様子では、勇は「謎々遊び」ではなく、皆と一緒に「勉強する」と申し出た事であろう。それに、彼が家で勉強することなど初めての事ではなかろうか……それだけに小母《おば》さんの喜びも一入《ひとしお》であろう。

さて、「鶴亀算みたいな勉強」、とは言ってみたものの、私が特別な問題を用意してきた訳でもない。只、分数の計算問題を色々と、謎々に引っ掛けながら説明してみようと考え、算数の教科書を鞄《かばん》から引っ張り出した。

今日の授業は分数同士の乗算。その計算手順は、単に分母同士・分子同士を掛け合わせるだけで簡単である。授業で説明を受け、誰もが簡単に出来ると思い、教科書のそのページを開いた。

最初の「例題1」から、順次に色々と計算を試してみようと、皆に持ち掛けたが、途端に忠が怒り出す。

「謎々《なぞなぞ》で無《な》ーガヤ、嘘だガヤ！　勉強しとるガヤ!!」

「とろくせゃあ！　足算も判らんで、誰が掛算までも判っとる、と言うだガヤ!!」

「……」

忠に続いて徹も文句を言い出し、武は黙ったまま睨み返してくる。尤《もっと》も、秋葉さん（神社）の決闘では二人の仲裁をした男先生、その心に触れた勇と孝の二人は、私の思いを受け止めようと協力的だ。しかし、何も知らない忠達三人は、私と勇が急に仲良く体育委員として揃って男先生に従っている事だけでも相当な戸惑いがあろう。その上に勉強するとなれば、それこそ三人が反抗的になるのは、尤《もっと》もと言えば尤《もっと》もの事だけに……只、彼等は怒りながら分数の一切の計算が出来ないことも明かす。そこで私の経験から分数を実際の問題に例えて彼等に説明する事を思い付き、敢《あ》えてその反抗的な態度を無視したまま、分数の問題を打《ぶ》つけてみた。

「一本の羊羹をきっちり二つに分ける。それを分数にしよみゃあ、わかるだろうが！」

例題１．（問題）

$$\frac{1}{2} \times \frac{2}{3} = \boxed{}$$

例題１．（計算手順）

$$\frac{1}{2} \times \frac{2}{3} = \frac{1 \times 2}{2 \times 3} = \frac{2}{6} = \frac{1}{3}$$

例題２．

$$\frac{3}{4} \times \frac{2}{3} = \frac{3 \times 2}{4 \times 3} = \frac{6}{12} = \frac{1}{2}$$

「1/2だガヤ！」

「きっちり、三つに分けとったら？　次」

「1/3だガヤ！」

「きっちり、三つに分けとって、その二つまでは？」

「2/3だガヤ！」

最初に黙ったままの武に問い掛け、その正解に間髪容れず徹、そして忠に問《と》うた。三人とも、分数の形（表し方）は解る様だ。そこで、次は分数の計算問題の具体的な説明となるのだが……。

「計算するので無《な》ーガヤ！　教科書の掛算の答えが間違《まちが》っとるか鶴亀算の様に色々試すガヤ！　勉強であらすか……」

飽《あ》く迄《まで》も「勉強ではない」ことに拘《こだわ》ってみせながら、最初に教科書の分数の掛算の「例題1」、その計算手順を説明し答えを出す。そこまでは簡単で、忠も次の問題の答えは直ぐに出せた。どうやら皆も私同様に、分数同士を掛け合わせる事の具体的な意味が分からず、その答えを出す計算手順が頭に入らないのではなかろうか……単に答えを出す為の計算手順である事では理解する。

さて、「教科書の答えを教わり習《なら》うのではなく、その答えが正しいかを試してみる」、と言う私の提案は確かに「学校の勉強」を超えている様に思える。それだけに忠達も、取り出した新聞紙の成り行きを固唾《かたず》を呑《の》んで見守る。

先日、我家で折り紙を「重ね折る」ことで、分数同士の掛算の計算手順の正しさを知る。ここでは逆に、その手順の正しさを証明するという事で説明する。

「例題1」において、最初に新聞紙の一面を「$\frac{1}{2}$」に折り、重ねて三つ（$\frac{1}{3}$）に折り開くと、折り目で一面は六つに分かれる（$\frac{1}{6}$）。そこでの「$\frac{1}{2}$」は「$\frac{3}{6}$」、その「$\frac{3}{6}$」の「$\frac{2}{3}$」は一面（6等分）からは「$\frac{2}{6}$」になっている。

「例題2」に於いては、皆が新聞紙を折り試すことになる。最初に、新聞紙の一面を「$\frac{1}{4}$」に折り重ねて三つ（$\frac{1}{3}$）に折り開くと、折り目で一面は12に分かれる（$\frac{1}{12}$）。そこでの「$\frac{3}{4}$」は「$\frac{9}{12}$」、その「$\frac{9}{12}$」の「$\frac{2}{3}$」は「$\frac{6}{9}$」になっており、その「$\frac{6}{9}$」は一面（12等分）からは、「$\frac{6}{12}$」になっている。

分数同士の掛算、その計算手順の証明が出来、皆の遣る気は一気に盛り上がる。次に、「分数のいろいろ」に関して、「例題1と2」の約分も折り紙で説明。その後から、教科書を分数の加減算まで戻し、復習することにする。

同じ分母同士の加減算の「例題1」では、皆は直ぐに出来る。具体的には、羊羹での説明で納得する。次に「例題2」その計算過程から成す仮分数（$\frac{8}{7}$）と、その帯分数（$1\frac{1}{7}$）も羊羹二本で説明、皆も理解する。

例題１．（計算手順）

$$\frac{2}{7}+\frac{3}{7}=\frac{2+3}{7}=\frac{5}{7}$$

例題２．（計算手順、仮分数→帯分数）

$$\frac{3}{7}+\frac{5}{7}=\frac{3+5}{7}=\frac{8}{7}=1\frac{1}{7}$$

例題３．（問題）

$$\frac{1}{4}+\frac{2}{3}=\boxed{}$$

例題３．（計算手順）

$$\frac{1}{4}+\frac{2}{3}=\frac{1\times3}{4\times3}+\frac{2\times4}{3\times4}=\frac{3}{12}+\frac{8}{12}=\frac{11}{12}$$

例題４．（計算手順、仮分数→帯分数）

$$\frac{2}{3}+\frac{3}{4}=\frac{2\times4}{3\times4}+\frac{3\times3}{4\times3}=\frac{8}{12}+\frac{9}{12}=\frac{17}{12}=1\frac{5}{12}$$

因《ちな》みに、分数の計算問題において、その答えが「約分」されてない事で減点となることが問題にされるが、仮の分数である「仮分数」の場合では、仮の分数だけに仮分数のままの「答え」ではまだ計算途中と見做《みな》され三角（△）に、「帯分数」にして初めて丸（○）となる。

次の分母が異なる分数同士の加減算になると、途端に皆は分からなくなる。そこで最初に練習問題「例題3」の計算方法……「互いの分母」を「互いの分母・分子」に掛けて通分する計算手順を説明してから次に、砂糖を掬《すく》う大サジに見立《みた》てた新聞紙の一面により具体的に説明……新聞紙の一面を四つ（$\frac{1}{4}$）に折り重ねて三つ（$\frac{1}{3}$）に折り開くと、折り目で一面は12に分かれる（$\frac{1}{12}$）。そこでの「$\frac{1}{4}$」は「$\frac{3}{12}$」、そこでの「$\frac{2}{3}$」は「$\frac{8}{12}$」になっており、その分子の「3」と「8」では「$\frac{11}{12}$」となる。詰《つ》まり、大サジの「$\frac{1}{4}$」の分量の砂糖と「$\frac{2}{3}$」の分量の砂糖が足された事になる。

次の問題の「例題4」では、皆は其々《それぞれ》に新聞紙を手に試し始める……最初に、新聞紙の一面を「$\frac{1}{3}$」に折り重ねて「$\frac{1}{4}$」に折り開くと、折り目で一面は12に分かれる（$\frac{1}{12}$）。そこでの「$\frac{2}{3}$」は「$\frac{8}{12}$」、そこでの「$\frac{3}{4}$」は「$\frac{9}{12}$」になっており、その分子の「8」と「9」では「$\frac{17}{12}$」の仮分数となる為に「$1\frac{5}{12}$」の帯分数に変換。この折り紙を使う方法で3問程試すが、皆は正解する度に喚声を上げた。

この騒ぎに何事《なにごと》か、と土間に小母《おば》さんが下りて来る。すると、勇は自分で問題を作り紙に書いて小母《おば》さんに見せた。

「五年生の問題なんか、知らんガネ！　判《わか》るはずないガネ、たーけた子だガネ」

彼は問題を解いて見せようとしたのに、何を勘違いしたのか、小母《おば》さんはそう言って逃げ出そうとする。

「何《なん》だで（だから）！　教えるガヤ！」、勇は、その手を掴むと座らせ、新聞紙を使って問題を解き始める。その新聞紙に引き込まれる様に、小母《おば》さんも真剣になる。

「皆《みんな》、利口だなも！」、彼の説明に納得したのか、小母《おば》さんは溜息を吐く様に呟《つぶや》くと、突然気を取り戻した様に大声を上げた。

「よーけ（たくさん）ジュースのお代わり、お代わりしてちょう！」

折り紙で解答した三問を今度は計算手順を使って皆が其々に、試す事にした。

「どえりゃあ簡単だガヤ！」、手品の種が明かされた様な気分。孝などは、その計算手順に従って、次々に問題を解いていく。暫くして、私は真っ赤な顔をして黙り込んでいる武《たけし》に気付き、彼のノートを見る。そこに書かれているのは最初の問題「例題3」、その「互いの分母」を「互いの分母・分子」に掛ける式まで。折り紙では一人で出来たはずなのに何故？

「どこが解《わか》らん？」

「……」、どうして後の計算が続かないのか、不思議に思って聞いてはみたが、彼は下を向いたまま、ただ頷《うなず》くばかり。それに、三問目を終えた忠と徹の二人も、彼のノートを覗く。

「ノータリン（脳足りん）のクソダワケガ！」、一転して彼等もそんな武に呆《あき》れ、そのまま罵声を浴びせるが、その気持ちは私も同じである。

「おみゃーさん達も、きんのう（昨日）までは同じだったガネ！」

突然！　強い口調の戒めに振り向くと、ジュースをお盆に載せたまま小母《おば》さんが立っている。

「オレ、なかなか掛算言えんガヤ！」、武は、今にも泣き出しそうな声で小母《おば》さんに訴えるが、要するに彼は掛算が出来ないのだ。折り紙では「数える」だけで良いのだが、計算手順では「掛算」を覚えていなければ、計算は出来ない。

「3掛ける4ハ、3足す3は6、6足す3は9、9足す3は12だもんで、3を4回足すだガヤ！　いちいち足すと面倒だで、サン（3）シ（4）ジュウニ（12）と覚えるガヤ！」

「何回も同じ数を足しとるだけなんだ！　掛算って!!」

私は、武が式から先に進めない理由が判ったものの打つ手はなく、仕方なく掛算の説明をしてみた。ところが、その説明に反応したのが他でもない！　忠である。この返答にも呆《あき》れるが、何よりも彼は掛算を覚えている。

「あった！　あったガネ！」、何時の間にか小母《おば》さんが奥の部屋から大声を上げながら出て来て、武に一枚の紙を渡しながら励ます。

「早《はよ》う、覚えりゃあー、覚えとったらご褒美あげるガネ！」、その紙は「九九の一覧表」である。

近所友達である忠、武、徹の三人の家は、平針の町並み（飯田街道）を名古屋方面に向かい暫《しばら》く、街道が二股に分かれる右側の旧街道沿いにある（因みに、旧街道はやがて左側に分かれた新道と合流）。

徹家《んち》の八百屋は旧街道の入口、贈答用の果物や乾物も並ぶ大きなお店。忠家《んち》は旧街道の中程に軒を並べ、裏の中庭の竹細工工房では五〜六人が働いている。彼は如何やら一人息子の様だが、三人の中では大将的な存在。又、武は忠家《んち》の納屋で住込みで働く母親と二人暮らし、噂では彼の母は「出戻り」らしい……そうだとすれば、忠と武は従兄弟《いとこ》同士という事だが。


今日は日曜日。明日の授業に向けて、昨日に続き「勉強会」は行われる。最初に異なる分母同士の加減算の復習、「公約数」を使って「通分」する方法を説明した後、再び教科書の分数同士の掛算に戻る。簡単な計算手順に、武も九九表を見ながら練習問題を熟《こな》していくが、問題は「約分」と二桁での掛算。その計算が儘《まま》ならず、後は練習を重ねるしかない。そんな最中、一番進んでいる孝から突然！　疑問が投げかけられる。

「掛算しとるだに、何《なん》で答えがちっちょう（小さく）なる？」、例えば5×9＝45、普通掛算では答えが大きくなるのに、分数同士の掛算では答えが小さくなるが何故？　そんな疑問に皆は、計算を止めそれぞれに答えを確かめ始める。確かに、私の答えも全て小さくなっている。念の為、教科書の例題の説明でも確かめてみるが、答えはやはり小さい。折り紙では「重ねること」でその小さくなる答えを証明させたが、「重ねること」と「掛けること」が「違うこと」の様に思え、何故小さくなるのか？　私も「おかしい」、と思い始めた。

「おかしいガヤ！」、「おかしいガヤ！」

皆も気付き孝に同調すること頻《しき》りだが、その疑問の矛先が如何《どう》やら、答えることが出来ない私に向かって来ている様だ。確かに、先生振《ぶ》っている私に反撥したくなる気持ちが分からないわけではないが、それはそれ、先生でもない私が教科書の疑問に答えられないからと言って、何故責められなければならないのか、そう思うと腹が立ってきた。その一方で具体的なことから答えを探《さぐ》り始めたが、新聞紙を「重ねる」事だけでは、分数同士を掛けることの意味すら一層判らなくなり、やがてその苛立《いらだ》ちのままに私は彼等《かれら》に言い返した。

「おかしい！　そんなら男先生に聞くだガヤ！」

「教科書のまんまでいいガネ！　先生に聞かん方がええ、怒られるガヤ！」

徹は私を宥《なだ》めながらも、その疑問を先生に打《ぶ》つける事には反対した。それも、教科書通り覚えることが勉強であり、その「教え」を疑《うたが》うことは、それを教える先生に反抗することになる。詰まり「反抗の質問」になる、と彼は言うのだが——。

「判った！　判っとるガヤ！」、徹の助言に皆は納得した様子だが、そのくらいの質問で怒り出す男先生を想像出来ず、その助言には納得は出来ないが彼の気遣いを思い質問しない事にした。

「ボーン」、と土間の柱時計が一回、半時《とき》を告げる。時刻は三時半、土間には夕刊の束が何時の間にか届いている。既に、二時間も勉強していた事になる。私は買物当番の為、急いで家路に就いた。

自転車での買物。少し遠いが野菜等《など》は徹家《 んち》で買うことにしており、何時もの様に店の前に自転車を止めた。

「コッケ君、ウチの坊に勉強仕込んでちょうて、有り難う！」

突然！　声が掛かり振り向くと、店を出てお辞儀をする前掛け姿の小父《おじ》さんから思いもよらぬお礼の言葉。それには照れるより他にない。只、徹は「皆と勉強する」、と言って昨日も今日も出掛けたそうだ。この事は、皆が「勉強会」を始めから承知していた事が判り、今後も続けられると胸を撫で下ろした。買物が済み店から出る寸前、今度は小母《おば》さんから声が掛かる。

「すけない（少ない）だが！　勉強してちょうだいたお礼に――」

小母さんは、何やら新聞紙に包んで私の手に持たせる。それは七つの大きな枇杷《びわ》であったが、お礼の事はそのまま母に伝えた。

❐月曜日、二時間目の算数の授業

黒板には計算問題が横に五つ並ぶ。分数同士の掛算の問題である。

「出来る人！」、先生の求めに生徒の半数以上が一斉に挙手する。この問題は、昨日の「勉強会」の復習となる。私にとっても簡単であるが、余興授業以外に普通の授業では今日まで挙手した事がない。それだけに、この挙手には照れにも似た躊躇《ためら》いがある。

「あれ！　孝と忠、それに徹も、手を挙げている」、と前方席の三人に驚き、窓際の後部席を向けば、そのことであろう、勇と目が合った。

「奴等、昨日の今日だぜ！　チャッカリ手を挙げていやがる！」、互いに阿呆《あほ》らしくなり、二人でつい薄笑いを浮かべる。たが、直ぐに三人の後ろ姿が微かに震えている事に気付く。余程の緊張……そう思うと私まで緊張してくる。驚いているのは男先生も同じ、目を丸くして、彼等一人一人の顔を本人であるかを確かめる様に見入っている。それも単に彼等の挙手が初めて、ということと以上に彼等の成績であろうが、それこそ後《うし》ろから三人とも数《かぞ》えられるからだ。

「加藤（孝）！　次に小島（忠）！　次は中島（徹）！」、先生は大声で彼等を充《あ》てる。そして、残り2問には女子を充《あ》てた。

「どうか、三人とも、正解を出してくれ!!」、その気持ちで私はいっぱいになる。間もなく、二人の女子は黒板から離れるが、残る三人の後ろ姿に教室は俄《にわ》かな緊張に包まれる。やがて、三人は互いの解答に目を遣《や》る。そして、一斉に向き直り黒板から離れるが、その顔は正に真っ赤。やがて、「パーチ、パーチ、パーチ」、と始めはゆっくり静かに、三人が席に着くと「パチ、パチ、パチ、パチ」、と高く男先生の拍手が教室に響く、続けて生徒の中からも拍手が沸《わ》き起こる。五人とも正解。

授業は「帯分数」の掛算へと進む。

彼等《ら》の初めての挙手、次は私の番！　昨日の疑問を質問しなければ、と逸《はや》るが黒板では計算手順が示される。その計算式は理解出来ても、「例題1」の解答（$\frac{1}{2}$）が掛けられる数（$1\frac{1}{2}$）より小さいことが益々気に掛かる。ところが「例題2」の解答（2）は、それよりも大きく（$1\frac{1}{3}$）、必ずしも小さくなるとは限らない事を見て、一旦質問することを中止、自分でその疑問を探《さぐ》ることにした。

「例題1」を具体的な問題として、羊羹一本半（$1\frac{1}{2}$）を三人で分ける（$\frac{1}{3}$）と、一人が半分（$\frac{1}{2}$）ずつになる。そう考える、と逆に「例題1のイメージ計算式」が頭に浮かんだ。

「教科書の練習問題。黒板で説明した手順で、それぞれを試す様に」

先生は説明を終え練習問題の計算を指示。しかし、自らの疑問で混乱している私はそれどころではない。

「質問がある人！」

暫くして先生からの問い。この質問は練習問題が出来ない生徒の為のもの、挙手さえすれば直接先生が色々教えてくれる、というものだが……。

「ハイ！」、私は、真っ先に殆ど衝動的に手を挙げた。

例題１．

$$1\frac{1}{2}\times\frac{1}{3}=\frac{3}{2}\times\frac{1}{3}=\frac{3\times1}{2\times3}=\frac{3}{6}=\frac{1}{2}$$

↑　　　↑　　　　　　↑

（帯分数）（帯分数→仮分数）　（約分）

例題２．

$$1\frac{1}{3}\times1\frac{1}{2}=\frac{4}{3}\times\frac{3}{2}=\frac{12}{6}=\frac{2}{1}=2$$

↑　↑　↑　↑　　↑

（帯分数）（帯分数→仮分数）（約分）

例題１．のイメージ計算式

（３つに分ける）

⇓

$$1\frac{1}{2}\times\frac{1}{3}=\left(\frac{1}{2}+\frac{1}{2}+\frac{1}{2}\right)\div3=\frac{1}{2}$$

「山岡！」

「黒板の『例題1』は、『$1\frac{1}{2}\div 3$』だガヤ（ではないのか）？　掛算で答えがちっちょう（小さい）なるは、おかしいガヤ！」

　その指名に、素早く立ち上がると、私は一気に昨日の疑問を打《ぶ》つけた。

「山岡、もう一度、深呼吸をして、ゆっくりと喋ってみろ！」

　私の早口に顔を歪《ゆが》めながら、そして間を取りながら、低い声で迫《せま》る様に男先生は聞き返してきた。一瞬！　徹の「反抗の質問」が頭を掠《かす》めるが覚悟を決め、難しい様子の先生に今度はゆっくりと同じ質問を繰り返した。そのまま黙って聞いていた先生は考え込む様子。その間、私は静かな気持ちで先生の回答を待った。

「山岡！　お前の言いたい事は判った。しかし……」、暫くして、男先生は私に話しかけながら黒板に向かった。

「山岡！『$1\div 3$』を分数で表すと？」、逆に先生からの問い、この質問は一瞬にして、暗雲の私の頭を晴らす。

「はい！『$1\div 3$』は『$\frac{1}{3}$』だガヤ」、そうであれば、掛ける方の分数を二つの整数の式に改めることで、私は「例題1」を具体的な問題として頭に浮かべる……一本と$\frac{1}{2}$の羊羹を$\frac{1}{2}$の3組（$\frac{1}{2}+\frac{1}{2}+\frac{1}{2}$）として三人で分けると、一人は$\frac{1}{2}$ずつになる。

例題１

$\frac{1}{3}=1\div 3$として

$1\frac{1}{2}\times\frac{1}{3}=\frac{3}{2}\times(1\div 3)=\frac{3}{2}\div 3=\frac{1}{2}$

例題２

$1\frac{1}{2}=\frac{3}{2}=3\div 2$として

$1\frac{1}{3}\times 1\frac{1}{2}=\frac{4}{3}\times\frac{3}{2}=\frac{4}{3}\times(3\div 2)$

$=\frac{4}{3}\times 3\div 2=\frac{4\times 3}{3}\div 2=\frac{12}{3}\div 2$

$=4\div 2=2$

次の問題「例題2」には、掛ける分数を二つの整数の式に改め、具体的な問題として、以下を頭に浮《う》かべながら私は答えていた。

「一本と$\frac{1}{3}$（$1\frac{1}{3}=\frac{1}{3}+\frac{1}{3}+\frac{1}{3}+\frac{1}{3}$）の羊羹《ようかん》3組（$\frac{4}{3}\times3$）を二人で分ける（$\frac{12}{3}\div2$）と、一人が二本（2）ずつになる」

意味不明な私の質問であったが、二つの整数の比（1：3）である分数（$\frac{1}{3}$）の掛算と、「正の整数（1から2と、次々に生じる自然数）」との掛算を、私が混同している事を察《さっ》し、改めて分数が二つの整数の作用（機能）であり、その一つの機能が「割算」である事を、先生は私に気付かせたのである。そうであれば、次は分数同士の割算。

先日、家に帰って密かに新聞紙を折り「例題3」を解析しようとしたが出来ず不明のままであったが、割る方の分数を二つの整数の式に改めると……$\frac{1}{2}$にした羊羹を三等分にすると、元の一本（全体）からは$\frac{1}{6}$の割合の等分数になる。次に同じ大きさの$\frac{1}{6}$を4個（$\frac{4}{6}$）を配分すると、全体（一本）からの割合は$\frac{4}{6}$、約分して$\frac{2}{3}$、その整数の比は2対3（2：3）となる。

火曜日の午後三時半。夕刊配達の作業と重なった為、居間に上《あ》がっての「勉強会」となる。やがて、新聞配達員の来る人、来る人が我々に驚きながら、冷やかし半分、励まし半分の賑《にぎ》わいに沸《わ》く。感心な事には、徹達三人は日曜日の「勉強会」の後でも家で復習し、月曜日のあの

例題3

$\frac{3}{4}=3\div4$として

$\frac{1}{2}\div\frac{3}{4}=\frac{1}{2}\div(3\div4)$

$=\frac{1}{2}\div3\times4=\frac{1}{6}\times4$

$=\frac{4}{6}=\frac{2}{3}$

挙手に繋《つな》げた様だ。彼等はそれこそ、私以上に遣《や》る気満々である。それに、あの「反抗の質問」には、「色々《いろいろ》と疑問を持って考える事は、勉強にとって素晴《すば》らしい事」、と男先生から逆に褒められ、彼等も勉強に対する「自信」が芽生《めば》えた様だ。

分数の計算問題は、複数の加減乗除の組み合わせの問題へと続く。如何に正確に早く計算出来るかは、「約分」を使いこなすことで多くを練習するだけとなる。因みに、計算結果に関して、配分数（個数）を求める「同じ等分数同士の加減算」は約分する必要はないが、割合や比を求める「異なる分母同士の加減算」及び「分数同士の掛算と割算」ではその答えの約分は必要となろう。

加減乗除の組み合わせによる計算では、乗除を先に加減は後に、カッコ内（ ）は最優先となる。但し、カッコ（ ）を外して、そのまま順次に計算する場合は以下の4条件となる。

一、カッコ内が「加減算」での「足算」では、カッコを外したまま順次に計算。〔例、6＋(3－2)＝6＋3－2＝7〕

二、カッコ内が「加減算」での「引算」では、カッコを外すと、カッコ内の「足算は引算」に「引算は足算」に変換して順次に計算（この場合、カッコ内を先に計算することで試算）。〔例① 6－(3＋2)＝6－3－2＝1、例② 6－(3－2)＝6－3＋

加減乗除の組み合わせ問題

例題

$$\frac{2}{3}\times\frac{1}{6}\div\frac{3}{7}=\frac{2\times1}{3\times6}\div\frac{3}{7}$$

$$=\frac{2}{18}\div\frac{3}{7}=\frac{1}{9}\div\frac{3}{7}=\frac{1}{9}\times\frac{7}{3}$$

$$=\frac{7}{27}$$

↓ 分子分母を入れかえ掛算にする

問題1.

$$\frac{1}{6}\div\frac{2}{3}\times\frac{3}{4}=\boxed{}$$

問題2.

$$\frac{2}{3}+\left(\frac{4}{5}+\frac{3}{7}\right)=\boxed{}$$

2＝5〕

三、カッコ内が「乗除算」での「掛算」では、カッコを外したまま順次に計算。〔例、6×(3×2)＝6×3×2＝36〕

四、カッコ内が「乗除算」での「割算」では、カッコを外すと、カッコ内の「掛算は割算」に「割算は掛算」に変換して順次に計算（この場合、カッコ内を先に計算することで試算）。〔例①　6÷(3×2)＝6÷3÷2＝1、例②　6÷(3÷2)＝6÷3×2＝4〕

複雑な計算に於《お》いて、その乗除算では、その「公約数」の最大数（最大公約数）を探《さぐ》りながら計算することが肝要である。加減算での通分も、その「公倍数」の最小数（最小公倍数）を探《さが》しながら計算する必要がある。

最後は、分数に関する応用問題。

> 問題、（$\frac{5}{7}$）と（$\frac{6}{8}$）では、何方《どちら》が何《ど》れだけ大きいか。

応用問題の復習を終え一段落の最中、御八つを運んで来た小母《おば》さんに忠が報告、当の本人も恥ずかしそうに頷いている。

「小母《おば》さん、武があんばよう（上手に）九九、覚えたガネ！」

「まあ！　こんなに早《は》ように、ちゃっと（直ぐに）聞かせてちょーだゃあ！」

「ハイ！」、武は立ち上がると直立不動のまま、一気に「九九、八十一」まで唱える。拍手で応える小母《おば》さん。その様子に忠が満足そうに頷くが、どうやら彼の特訓が実った様だ。

後日、小母《おば》さんから褒美《ほうび》に、鉄人28号の筆箱が贈られた。

❐算数の授業は「1より小さな数」の「小数」に入る

礼が終わり、いきなり男先生は黒板に間隔を広く取った物差しを書く。その目盛には、1から始まり10までの数字が記される。

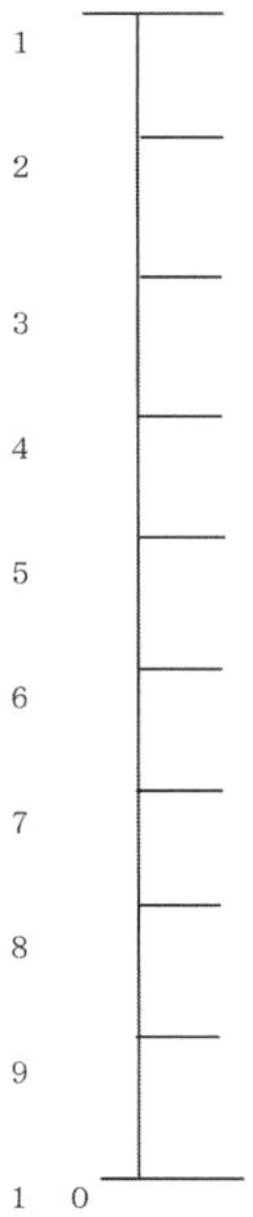

以上

始めの1の数字が記された途端、口々に生徒達は騒ぎ始める。

「物差しは、0からだガヤ!」、しかし、先生は生徒達の指摘を無視するかの様に黒板に向かって、その数字の下に物を書き始める。

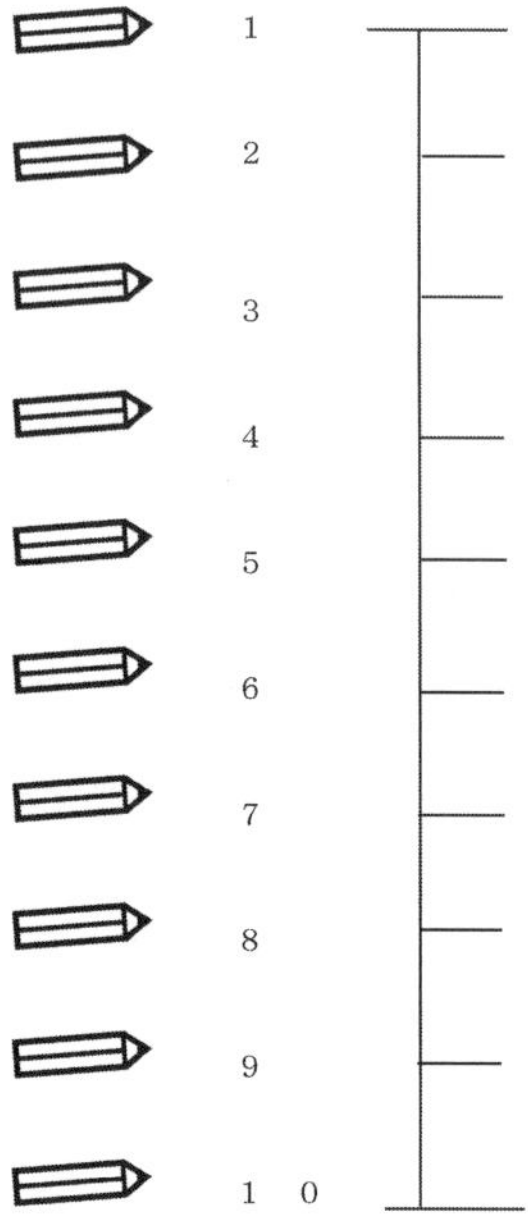

以上

「これは鉛筆だ、何本ある?」

「10本だガヤ!」、書き終えると先生は生徒に尋《たず》ねる。皆、口々に挙手もせず叫ぶ。

「ならば、物差しが0から始まるならば、目盛を0から10までにして鉛筆を並べると、鉛筆は十一本になるぞ」、生徒達に反論するかの様に先生は、「0」の目盛を「1」の前に書き足し、その下に鉛筆を書く。

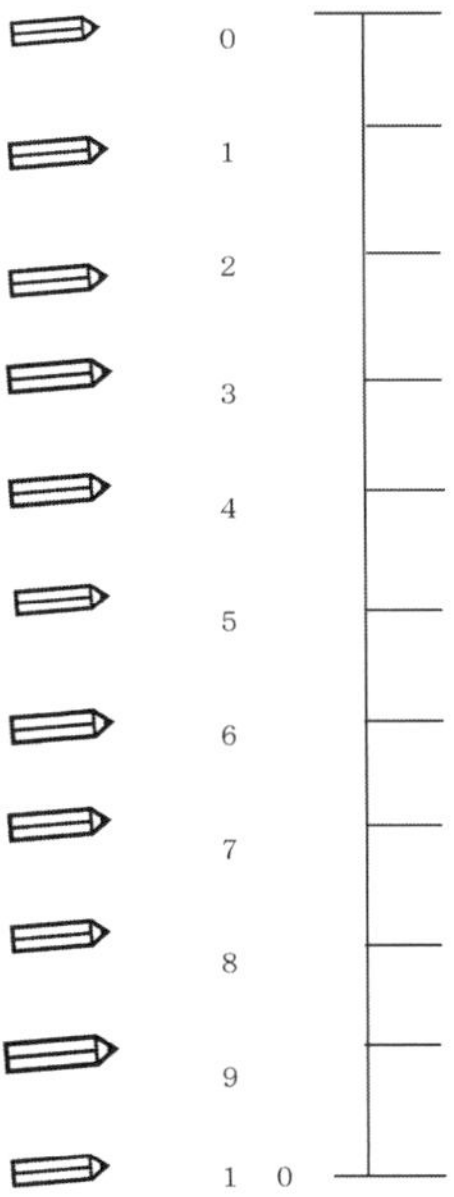

以上

この黒板の鉛筆の数に、生徒達は如何《どう》やら先生に騙された気分になり黙ってしまう。しかし、「0」を書き足した事で「10」までは……物差しは測る為に「0」から始まり等間隔に「10」まで刻《きざ》まれ、「鉛筆」は個数を数える為に「1」から数《かぞ》えられていることが分かる。

次に、「長さ」以外に「何が測れるか？」先生からの質問に生徒からは家庭や学校などにある様々な計測器を通じて、長さ・目方・容積・速度・温度等が挙げられ、「長さ」では深さ・高さ・面積が挙がる。

「それでは、これらの目盛りの他に『0』から始まるものを挙げれば……」

「ハイ！　年齢も、0からだガネ！」

「ハイ！　うち（私）のお婆さん歳は『数え』で言《い》わはるわ！　生まれた年は『1歳』で数え

はる。そやから年齢は必ずしも0から始まらへん！」

先生の質問に啓子は「歳《とし》」を指摘、だが満里子から直《ただ》ちに反論が出る。

「そうだガヤ！　そうだガヤ！」、活発な啓子は男子のライバル、満里子の意見に男子が騒ぐ。

「そう言えば、時計は12時から始まっとるガヤ！」

「夜中の12時は、0時とも言うガネ」

「時間は0から始まっとるのに、年月日は1から始まるガヤ！」

「一日は、0時から24時間、ずーっと一日や！」

挙手のないままそれぞれが勝手に意見を交わすが、ここでは何やら男子対女子の対抗戦模様……。

「そんだで（そんなら）、0時は六十分ずーっと0時だガヤ！　その間《かん》の一時間から二十四時間で一日……時間も1から始まるガヤ！」

「まっと（もっと）すけない（少ない）一分は六十秒までずーっと一分。一秒は……何処《どこ》までずーっと一秒、知らんガヤ！　一秒よりすけない（短い）時間はあらすか（無い）！」

日時での「ずーっと」の発言では、時間は一日を「埋める」ものか？　一日を「刻む」ものか？　問われているが誰も答える事はない。

「ハイ！　先生、時間は『埋《う》まっとる』もの？『刻まれとる』もの？」、皆が考え込む最中、孝は躊躇することなく先生に質問する。

「そうだなあ一時間は止まる事なく過ぎていく、この意味からは一日は隙間なく時間で埋められる。しかし、時刻を知るためには等間隔にしるしを付けることになる。その目盛りでは時間は刻むことになる。只、目盛りと目盛りの間を埋め、それを一個とすれば『1』から数えて一時間目、二時間目と、時間も数える事が出来る」

「ハイ！　先生、長さも1m、1㎝、1㎜の間隔ごとに一から数えることが出来るけど、うち（私）が思うには1㎜も、もっと小さく等間隔に分けられるさかえ、やっぱり長さは0から測った方がいいんと思うんやけど！」、満里子から先生への提案。

「先《ま》ずは、一ミリの千分の一が一ミクロン、という単位を覚えた上で理論上一ミクロンも何処までも小さく、無限に等分する事が出来る。ところが通常、例えば一メートル九十九センチ、九ミリ、九百九十九ミクロン、という様に単位ごとに付けた名称で『長さ』を知る。この場合、ミクロンを等分した一単位にも名称が必要になる」

先生の説明の途中で終業のベルが鳴る。鳴り終わると先生は急いで説明を続ける。

「ところで、長さが全く無いゼロ（零）、その出発点に数値の（0）を定める。そこから1㎝の間を$\frac{1}{10}$に、そしてその分子の『1』を$\frac{1}{10}$に……という様に、分子の『1』は限りなく$\frac{1}{10}$ずつに分ける事が出来る。その分数の割算では、小さい数の分子（1）を10倍ごとの限りなく大きい数の分母で割ることで『1より小さい数』の『小数』となる」

たった1㎝の間に見る無限の世界、その先生の説明に興奮さめやらぬまま、束の間の放課は過ぎる。

礼が終わると、先生はそのまま黒板に向かう。既《すで》に、掃除当番によって物差し等は丁寧に拭かれていたが、再び物差しが書かれた。

前回よりも余程大きく……「大きな目盛」は0から3までが広く等間隔に取られ、更に0から1までには、より「小さな目盛」が0から10まで等間隔に刻まれている。

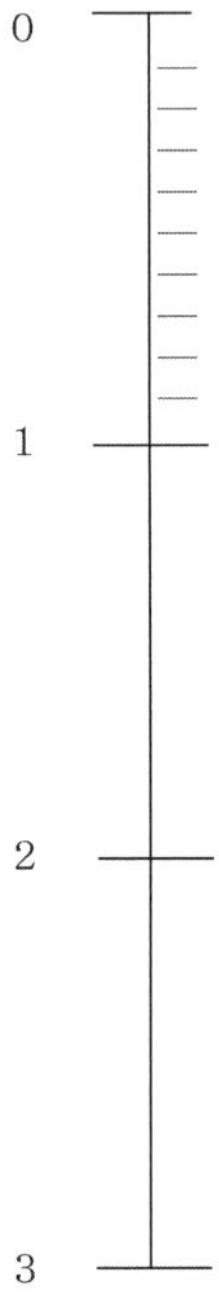

以上

「理科の時間割だが、引き続き算数の授業とする」、黒板から向き直り、そう宣言《せんげん》すると先生は、黒板の最初の「小さな目盛」を指揮棒で示す。

「これは、皆が使っている通常の物差しと思ってくれ、最初の『小さな目盛』を表すと、判る人！」

「ハイ！　0・1だガヤ」、「ハイ！　$\frac{1}{10}$だガヤ」、いきなり山田が小数で答え、次に一男が分数で答える。山田は母の塾で予習が出来ている様だ。

「他に、長さで言うと！」

「ハイ！　大きい目盛りを１cmにすると１mmやわ」、満里子が答えると、先生はそれらの答えを最初の「小さな目盛り」の下に、順に「$\frac{1}{10}$」「０・１」「１mm」と書き入れる。

「次に、１mmをcmで表すと！」

「ハイ！　０・１cmだガヤ！」、忠が答えると、先生は１mmの下に０・１cmを加え、次に０と１mmの間を等間隔の「極小の目盛り」で10に刻み、その最初の目盛の下に$\frac{1}{100}$と０・０１を書き入れる。

「０・０１は０・１mmだガヤ！」、起立のまま指名もないままに突然！　忠からの答え。それにはそのまま先生から再び忠への質問。

「それでは、０・１mmは何センチ（cm）？」

「０・０１cmだガヤ！　ミクロンなんか知らんかっても、ゼロの下にゼロを付けとるだけで、幾等《いくら》でもセンチですけない（小さい）長さを言えるガヤ！」

黒板の「物差し」では「０」と「０・０１」の間を十に目盛ること、詰まり「０・００１」を刻む事は、もう物理的には出来ないが忠の答えに対して、以下は先生による口頭での説明。

「『大きな位』が十倍ごとに、『０』を加えることで無限に大きくなる様に、『１より小さな位』も、$\frac{1}{10}$ごとになる小数点の後に『０』を加えることで無限に小さくなる。又、十倍ごとに分数の分母に『０』を加えることで$\frac{1}{10}$、$\frac{1}{100}$、$\frac{1}{1000}$……と、無限に小さく分子の『１』

を分けることが出来る」

「それでは、測る事以外に、小数で表示されるものを挙げよ！」

「ハイ！　杉山の打率、三割三分一里だガヤ！」、小数の次の課題の質問に、真っ先に手を挙げたのは中日ファンの孝である。プロ野球も中盤戦を迎え、打撃部門で巨人の四番打者の川上を抜き、一位にいる中日の三番打者、杉山を朝から自慢しており詳細な記録までも覚えている。

「杉山は、142打数47安打、打率0・331となるガヤ！」

「その通り。打率は少ない安打の数を多い打数で割る事で、0から1までの小数となる」

打率のことは……「割分厘」で呼ぶこと。又、安打を打つと打率が上がる事は知っていた。しかし、少ない安打数を多い打数で割ることまでは知らずにいた。そもそも分数（1/3）では、少ない数（1）を多い数（3）に分けることが出来るが、その割算では少ない数（1）を多い数（3）で割ることは、出来ないと思っていた。

「その三割三分一厘の『割』は、その昔、年貢米を升一杯にして、農民三杯に対して領主が一杯と言う様に、三対一の『比の割合』としてあり、同時に『割合』は全体の量を十に分けた場合の何『割』となる」、打率の呼び方に対する先生の説明は続く。

「『分』は十に分けたもの中の一つ、『厘』は『分』の十分の一であり、百に分けたものの中の一つとなる。その昔、お金は十倍ごとの単位で厘・分・両・十両・百両という様に名で決められており、その金利や手数料の歩合（比及び割合）は、一両を十及び百に分けた場合の割合、『分』及び『厘』と、一両を十とした場合の『割』……何割何分何厘で示される」

昔のことは……悪代官が「年貢米」を取り立てるシーンの時代劇の粗筋は、磔《はりつけ》覚悟の直訴《じきそ》。その「年貢」の取り分の「割合」が米騒動《そうどう》の発端となり、凶作に至《いた》っては農民一揆にまで発展する。又、十両一両の大判小判と一分銀で銭勘定をする高利貸し、その取り立てのシーンでは、借用書を片手にヤクザを使っての脅迫。そんな昔の事として知っていた「割合」と「銭勘定」が現在の野球の打率に使われている事に驚いた。

「尤《もっと》も、打率は三打数一安打という様に、打数と安打の比（三対一）としてあり、打数と安打数を比《くら》べた場合、その打数に対する安打数の割合となる。例えば、10打数1安打では、その1安打は$\frac{1}{10}$で一割となり、その比率は1÷10＝0・1の小数となる。3打数1安打では$\frac{1}{3}$となり、1÷3＝0・333になる。但し、その安打数の分子（1）を十倍・百倍・千倍にして打数の分母（3）で割れば、3割3分3厘と余り1厘となる」

先生の説明からは……昔は貸付金の利息や手数料は、銭勘定そのままに、ずばり「両分厘」の金額で示され、今日の様に一両につき二分一厘の「割合」とか、「小数」が無い時代では「歩合％」を定める、という事は無かったのではなかろうか。但し、その金額は貸付金に対する「比」であり、一両を十に分けた場合の割合（歩合）となる。

程好く、終業のベルに合わせて先生の説明は終了。次回は「小数の計算」及び「小数の応用問題」に入る、その前に「数字」では「正数」、「分数」、「小数」と逐次《ちくじ》学んできた事を受け「数字全般」の説明がなされた。

❐「数字のいろいろ」

数字は、言葉などで通常使う数字の一・十・百・千……等の漢数字（常用数字）と、算用数字として「0」から「9」を使うアラビア数字がある。因みに、漢字の為に筆算には向かない漢数字の計算では、桁や位が定まり、そこに数を置いたり引いたり出来る「算盤《そろばん》」が便利な計算道具として使われる。

アラビア数字では、数値「0」を定めたことで小数等、算術（四則演算）は飛躍的な発展をとげる。その「0」は、漢数字としては「零」として「全く無い・無価値」となるが、算用数字では「0」は長さや量等を測る時の基準である「単位」となる。因みに、負数（−1・マイナス1）は漢数字では個数の不足を表す。

一から順次、一ずつ増えて得られる自然数（正の整数・個数）は、計算（四則演算）することで「数値」が定まる。「数値」には、今までに学習してきた「個数」（正の整数・自然数）に「分数」、今回の「小数」、それに今後学習する「マイナス（負数）」、「乗数（例2^2）」、「無理数（例$\sqrt{4}$・$\sqrt[3]{9}$）」、「虚数（例$-\sqrt{4}$）」が定められ、個数・分数・小数同様に計算される。

❐国語の「勉強会」

今日の「勉強会」は、国語になった。

これまで、算数だけを重ねてきたが、誰が言い出すともなく今回は国語になった。算数だけでは片寄り過ぎると、皆が同じ思い。それと言うのも、算数と比べ国語の授業では我々はあまりにも大人《おとな》しすぎる。

男先生は、挙手しない限り決して指名はしてこない。又、質問するにも挙手が必要だが、此処ではその質問や発言が我々にはまるで無い。しかも、国語の授業には、自由に質問出来る時間が用意され、先生が気軽に答えてくれる。それにもかかわらず苦手意識の所為《せい》か、誰も発言が出来ないままでいる。これでは、このところの我々にとって格好が付かない……そんな思いに今日がある。

「生意気な啓子を見返してやる！」、その意気込みも「勉強会」が国語になった理由である。国語の時間では、しばしば啓子の独壇場となる。彼女の朗読はラジオから聞こえる様で、つい聞き入ってしまう。それに、文章の感想でも「面白かった！」ぐらいしか思い付かない我々に比べ、短い物語なのに、洒落臭《しゃらくさ》い言葉で「よくもこれだけ喋《しゃべ》る事があるなぁー」、と思う程によく喋る。

国語の勉強会は、読書から始める。

朗読で始まる国語の授業、今日の読書会は明日の授業を意識してのこと。早速、そのページを誰が朗読するかをジャンケンで決める。負けた勇から始まったが、その声は漢字が出ると直ぐ止まる。漢字は解る者が読み、それに振り仮名を打ちながら読み進む。誰も読めない漢字はそのまま飛ばし、一度読み終わった後で調べる事にした。ところが、漢字どころか勇の朗読は、単語や文章の区切りがつかない、そんな棒読みが多くて意味が通じない。この場合も、誰かが声を止めさせ戻って読み、それに倣《なら》って区切り線を入れながら読み進める。

今日の教科書のページは「蜂《はち》の観察文」である。蜂《はち》の行動のありのままの状態と観察者の意見や感想が書かれている。

「たーけ、よーに止めるだで（なら）、おみゃーが読《よ》みやー！」

「まぁあかん（もうだめだ）！　何《なに》読んどるか、わからんだもんで！」、孝の再三の止めに、勇の癇癪《かんしゃく》玉が破裂。これには逆らえず、途中から孝に交代。しかし、孝の朗読も五十歩百歩、その勇からも止めが入る始末。

「まっと（もっと）普通に読むガヤ！」、孝にアドバイスをした私がその途中から読む羽目に。ところが、聞きながらの黙読では読めているのに声を出すと途端に変になる。何度も止めが入る。

「とろくせゃあ（アホらしい）！　コッケもだがや」

勇のこの一言で皆が同じレベルにある事に安心したのか、「勉強会」は和《なご》やかさを取り戻す。

国語の授業は毎度、全員あるいは一人での「朗読」から始まる。その後は、生徒から先生への質問。ここではどんな質問でもよい。多くは漢字の読み方、言葉の意味、熟語等の言葉の使い方等。時には、文章の感想等を逆に、先生に質問する者もいる。この生徒からの質問は、質問が続く限り行われる。次の先生から生徒への問いでは、「この・そのは何を指すのか？」、「何故、少年はいきなりわっと、泣いたのか？」、「太郎は何故、負け犬の様に、と表現されたのか？」、「そのことを如何《どう》思うのか？」等、その文章の内容の理解に関する質問や感想。

さて、国語の授業で我々の存在感を示すには、まずは「朗読」である。しかし、この「止め」ながらの朗読、「皆が下手《へた》」ということで順番になったが、長く続く訳もなく「止め」での争いも絶えないまま、結局は小母《おば》さんにその読み直しを頼むことにした。

勇の教科書を覗きながら、ここでの小母《おば》さんは実に重宝である。読み飛ばす漢字には間髪容れず大声で読み返す。棒読みも「止め」ないまま読み返す。それに連れて読む為、一人で最後まで読む事が出来る。四人目からは、途中で言葉の意味を聞くことも出来る様になる。暫くして、一通り六人全員が読み終える。

「あなーハチは、クロスズメバチだガヤ！」

用意してある御八つの煎餅を食べながら忠が呟《つぶや》く、観察文の「蜂《はち》」のことであろう。

「こなートロイ（鈍間《のろま》）つり方（運び方）、スズメバチはしんで（しないで）！」

その呟《つぶや》きを一人、見逃すことなく直ぐに武が反論する。どうやら二人は、「蜂」には詳しい様だ。その二人が討論となるや、皆も教科書のそのページを再び捲《めく》る。

教科書の観察文は、『私の見た多くの場合では、ハチが……』で始まり以下に続く。

『ハチが幼虫《ようちゅう》の餌《えさ》としてクモを狩《か》る場所と、ハチが巣穴を掘るのに都合のよい場所とはかなり離れていました。

餌にするクモはかなり背の高い低木《ていぼく》や竹やぶの中にいるのに、ハチが巣を造る所は、こうるさいアリの住んでいない裸《はだか》の砂地《すなじ》だからです。そこで、ハチはどうしても遠方から、重い獲物《えもの》を引きずって運んでゆかねばならなくなります。時には、二〇〇メートルも引きずって行きました。

途中には石があったり、草が生えたりしています。少しまわれば避けてゆけるのですが、決して一直線のコースを変えません。苦労しても、その上に登ってまた下《お》りて、乗り越えてゆきます。曲ると目的地への方角がずれるからです』

何時もは何かと忠には弱気な武だが、ここの論戦では珍《めず》しく一歩も引かずに「餌のクモを運ぶ方法」において、以下を主張する。

「スズメバチであれば、運搬コースは空中で仲間同士、引っ切り無しに連絡している。それに狩ったクモはその場でばらし、数匹で一遍《いっぺん》に飛んで巣まで運ぶ。それに比べ、教科書の蜂《はち》は一匹で行動する。これは仲間を持たない別の蜂だ」、この反論に忠の見解は以下にある。

「大きなクモを狩ることが出来るハチは、木穴に巣を造る『クマバチ』以外、スズメバチしかいない。それに、砂地の穴を巣として仲間を持たず、一匹で行動するとあれば、それは下等な大きな『虻《あぶ》』と言うことになる。蜂《はち》であれば、普通のスズメバチより一回り大きな『クロスズメバチ』なら大きいクモでも引きずり、一匹で運ぶ事が出来る」

二人以外は、「蜂の知識」に関してはスズメバチが人を襲うこともある恐ろしい蜂、ということぐらいで彼等の論戦に入る事も出来ず、二人の意見は平行したまま。

「そんだで（そうだから）！　明日、男先生に聞いてみゃー（聞いたら）！」、言い争いを終わらせる為の私の提案だが、滅多にない武の攻勢に分が悪い様子の忠は興奮覚めやらず、その矛先を教科書に向けた。

「『ぬけ目のなさ』とはたーけっガ!!　ハチをおちょくとる（バカにしとる）ガヤ！」、その怒鳴り声に、皆も再び教科書に目を向ける。

『時々、クモを離して、それから先のコースの偵察に飛び立ちます。この時に、平らな所では、クモを地上に置きますが、近くに低い草でもあれば、必ずその上に引っ張り上げて草の上に上手に引っ掛けます。茎《くき》の枝《えだ》分かれしたような所にクモの頭と胸《むね》の部分と腹の部分を分けて、落ちぬかどうか試すように、少しゆすってみます。そのぬけ目のなさに驚きます』

作者の蜂《はち》に対する感想である「ぬけ目のなさ」に、忠が怒ったのである。その怒りは、最初は八つ当たりの様に思えたが、その教科書の箇所を確かめる武の様子に、論争を超え、何かと二人には同じ思いがある様だ。やがて、二人は蜂《はち》が蜘蛛《くも》を狩る様子を語り出した。

「一匹のハチがクモの巣の下の端、そのギリギリの所に掛かり、バタバタと踠《もが》き始める。早速獲物が掛かった、と上から糸を引きながらクモが急ぎ下りてくる。そうして、獲物に近づいた瞬間！　踠《もが》いていたはずのハチは飛び出し、そのままクモに体当たり、下りる勢いと体当たりに糸は切れ、クモは地面に叩き落とされる。如何に大きなクモでもあれ、獲物を網に絡《から》めなければ勝ち目はない。地面を逃げ回るクモを目掛けて上空から、ハチは一撃を加える」

二人は、罠《わな》を仕掛ける蜂の知恵に敬意すら抱いている。この思いから「ぬけ目のなさ」は、余程に遠いのであろう。語り終えると、二人は口を揃えて、言い放つ。

「わかっとらんガヤ!!　まんだ（まだ）ハチを！」、その批判に、皆も教科書を読み返す。

『偵察《ていさつ》からかえると、早速また引っ張って行きます。私は、ハチの進んだ距離《きょり》と方向を地図の上に書いてゆきます。時にハチの運搬《うんぱん》コースが曲がる事がありますが、その屈折《くっせつ》点はいつも、クモを置いた地点です。そこで、ハチは、偵察飛行《ていさつひこう》で目的地の方角を修正しているのです。

目的地に着くと、ハチはクモを枝《えだ》の股《また》にひっかけ、前後にゆすってみからはなします。それから、自分は間近な枝に止まって、顔をクモの方に向けながら、初めて、やれやれという風《ふう》に休みます。前あしの中ほどのブラシに触角《しょっかく》をはさんでしごいたり、後あしで翅《はね》をたたんだ背中をなでつけたりして、化粧《けしょう》をします。このような身だしなみは、たいていの昆虫《こんちゅう》、特にすべてのハチが一仕事終わった後で、必ず行う動作です』

「蜂」に関しては砂地の巣の様子、重い獲物を引きずる様子、化粧する様子等、私も実際に見ている。その蜂の行動を、教科書は観察文として書いているのだが、二人の蜂に対する強い思いから教科書を読み返してみれば、色々な事に気付く。

まずは「私の見た多くの場合」、「すべてのハチが」、「必ず行う動作です」等、作者は長年ハチを観察してきた様だ。しかし、一方で獲物を置いた草をゆらす仕種《しぐさ》に、「そのぬけ目のなさに驚きます」の感想は、蜂を初めて観察する者の感想の様に思え、そのちぐはぐな感じは否《いな》めない。引き続き、孝は蜂の種類にこだわっている様だが、その議論を面倒臭そうに聞いていた勇も、ここに至っては教科書の批判に回る。

「蜜蜂《みつばち》や、蜂も色々おるだガネ！『すべてのハチ』と言っとるなら、まっと（もっと）始めからハチの種類を書くガヤ（書けよ）！」

朗読の次の「国語の授業」では……教科書の漢字・熟語・慣用句・ことわざ・故事成語・外来語など、新しく習う言葉（新言葉）を使って、如何に上手に喋《しゃべ》ることが出来るか、「喋《しゃべ》りの競演」が行われる。その評価は、生徒達によって、その理由と併せて述べられる。この授業は、「朗読」以上に我々の存在感を示す絶好のチャンスでもある。

勉強会での「喋りの競演」……此の処《こところ》、国語の勉強会では中心に小母《おば》さんが座る事になる。

算数では御八つを運ぶだけの小母さんだが、「今日は国語？」、と尋ね「そうだ」、と答えるとニコニコしながら勝手にその場に座る。そんな小母《おば》さんだが、「喋りの競演」では朗読以上に頼りになる。

「おのおの方、大同小異でござる」

この日も孝が口火を切る。彼は、チャンバラ映画でも大ファン、兎に角難《むずか》しい言葉の前には「おのおの方」、後には「ござる」、例えば不承不承《ふしょうぶしょう》（いやいやながら）では「おのおの方、不承不承でござる」、と喋る。この彼の「侍喋り」、不思議と難しい熟語等にその響《ひび》きが合う。ついつい上手《じょうず》に思えてしまい、皆も納得してしまう。だが、そこは小母《おば》さん、間髪容れず大声が飛ぶ。

「おのおの方の何《な》ーんが！、大同小異だガネ？」、この質問に孝は間を取り、考えながら答えを埋《う》めながら再び喋り出す。

「おのおの方……の……意見は、大同小異ではなかろうか」、この喋りからは「ござる」が抜ける。

「おのおの方を使わんでも、君達の方が合っとるガヤ！」、勇の修正案にも応じる。

「君達の意見は、大同小異ではなかろうか」、次に、小母《おば》さんのアドバイスが入る。

「君達、その二人のその時のあんばい（様子）を入れやーたら！」

「君達は──、言い争っている様だが、どっちにせよ二人の意見は大同小異ではなかろうか」、アドバイスに孝が続《つづ》けば、更に小母《おば》さんが突っ込む。

「どなーんことで、二人は言い争《あらそ》っとるガネ？　その何《な》ーんが大同小異だガネ？」、この立て続けの質問には、さすがの孝も直ぐに考えることは出来ない。逆に、そのことを、勇から小母《おば》さんに尋ねるが、直ぐに答えることが出来ないまま、小母《おば》さんの宿題となる。

それにしても、新言葉、口にするだけで随分大人になった気がする。


五年生の国語……その「読み書き」の「読む」で始まる授業では、最初に生徒達から一般的に読まれている、いろいろな文章が挙げられる。次に先生からは、主題や要旨《ようし》に於いて編集される文の型（文の形式）として、説明文、観察文、物語文、伝記文、日記・手紙文、論文、詩、随筆・脚本等が挙げられる。教科書のこうした文章は全員、あるいは一人で繰り返し「朗読」される。その後、文の内容に関する「生徒からの質問」、「先生からの質問」、「新言葉での喋《しゃべ》り」、「作文」の順で授業が進められる。但し、作文の授業では「題」は自由、その「章」のテーマに拘《こだわ》ることなく書く事が出来る。

「国語を調べる」の授業では……「漢字に関して」、「熟語に関して」、「言葉の意味と使い方に関して」、「文のきまり」・「言葉のきまり」等、国語の知識をいろいろと「調べる」ことで学ぶ。

「漢字に関して」……六つの種類（六書）からなる「漢字のなりたち」。音読み・訓読み等の「漢字の読み方」。そして、漢字の筆順・画数・部首（へん・つくり等、七つの部分からなる）

での「漢字の書き方」を学ぶ。

「漢字」が中国の文字であり、「カナ（あ）やローマ字（A）」の一字が決まった意味を持たないのに比べ、「漢字」の一字は一つの言葉にあてている。「漢字のなりたち」その始まりは「絵文字」であったが、次第に発達し「象形文字」となり、その後は「象形」・「指事」・「会意」・「形声」・「転注」・「仮借」の六種類からなる「六書」に於いて、多くの漢字が作られる。

「六書を調べる」の「集め」では……黒板に六つの枠《わく》が設けられ、生徒達によって一文字ずつ、枠ごとに解説を加えながら漢字が集められていく。山田は「会意文字」の枠に「死」、と書き込み口を利《き》かす。

「人は死ぬと仏様になり、おへんろ（遍路）さんとなりぁーて、あの世を旅するだガヤ！」、不気味な漢字に加え、その徐《おもむろ》な口調に教室のざわめきは一瞬にして消える。それにしても他の者は、例えば「悲」は「悲《かな》しみは心に非ず」、という具合に短く端的《たんてき》な解説に比べて、この前置のある「死」には余程の「なりたち」が秘《ひ》められている、と言うのであろうか――。

前日の「六書」の授業では……「象形文字」の「木」は二つ合わせて「林」、三つ合わせて「森」の「会意文字」となる。「指事文字」の「した」は「丅」「うえ」は「丄」。それに成《な》る程《ほど》と感心する漢字は「会意文字」に多く、「鳴く」は「鳥の口から」、「岩」は「山の様な石」、「清く」は「シ（水）が青い」、という具合に、組み合わさる漢字で、直ちに別の新しい意味が連想出来る。そんな例を挙げながら、六書の説明が終わると、先生からの宿題。

「誰かに聞くも質問するもよし！　六書で説明出来る、普段からよく使う漢字を幾つか調べてくるように」

この日の国語の「勉強会」では……「六書」は絶好の「遊び」となる。「木」を四つ合わせた「林林」を、何故ジャングル（密林）としなかったのか？　とか、「した」が「」なのに、その反対の「上」は、「」に成らなかったのか等。皆それぞれに、先生が「六書」に示した漢字に勝手を言いながら、その復習（検証）を終え、宿題に取り掛かる。

この宿題は自主的なもので、「図書館で調べたり、誰かに質問するなりして探す」という具合に、知識を色々「集める」ことである。この様な宿題はよく出されるが、その発表も自主的に行われる。

さて、検証では充分に納得した積もりで、今までに習った漢字の全てが容易に「六書」で説明出来ると踏み、教科書の一ページに戻り片端から漢字を拾い、「六書」に分けようとしたが、それが一筋縄ではいかない。例えば、「人」（ひと）ですら、習字塾の校長先生の独り言での意味はないものの、「」（もの）の形を写した「人」（ひと）と教えられ、初めて「象形文字」と納得する程度。そこで、逆に説明出来そうな漢字を教科書から探す事になる。

まずは、「形声文字」の例では「銅」(どう)、二つの文字を組み合わせ一つは意味を表す左部分の「金」(かね)、一つは読み方(音)を表す右部分の「同」(どう)。その「金」に倣《なら》って探した「鉄」(てつ)だが、音を表す右部分の「矢」は「てつ」とは読めない。だが「矢」(や)は「矢尻《やじり》の鉄《てつ》」の意味をもって「金」と「矢」の組み合わせによる「会意文字」の「鉄」(てつ)、と教えられ初めて分かる事。又、先生が示した例を確かめるが、形声文字の「証」(しょう)は、「言葉を正しく」を連想してしまい会意文字にも思えてくる。それに、「楽」等の例では、もともとの意味が変わって、新しい意味をもつ「転注文字」や、文字のもとの意味とは関係なく、その音だけを借りて用いる「仮借《かしゃく》文字」に至っては見当もつかない。小母《おば》さんにも尋《たず》ねてみたが、まずは「六書」の説明をしなければならず、それだけで精一杯になってしまう。

「六書を調べる」の「集め」では——「死」のなりたちに山田が利《き》かす。

「『死』は、『一』と書いてひとり(一人)、その下に『夕』と『ヒ』(夗)を書いてタビ(旅)する、と読むだガヤ。『死』とは、一人であの世を旅すること。仏様の教えが漢字になったガヤ!」

この解説に、私は思わず、彼の小母《おば》さんの顔が浮かび「さては、さてはこのネタ。こうぼうさん(弘法大師)が口癖《くちぐせ》の小母《おば》さんから仕入れたな」、そう判ると一転、その神妙な彼の顔に一層の可笑《おか》しさが込み上げてきた。

この「集め」では、我々も黒板に三列程並べることが出来た。只、これらの漢字に対して、先生からのコメントや訂正はない。

「皆、よく集めたなぁー」、先生の一言で授業は終了する。この「漢字のなりたち」の授業では、私は書く度《たび》に「一人タビ」と言いながら綴《つづ》る「死」、その「タ」と「ヒ」が日本のカタカナであることに気付き、山田の「六書」に疑問を抱《いだ》いたのは、この授業から何と、六十年後の事である。

❒夏休み前の「国語」の授業

「外《そと》では大人達が、『文法』なんか勉強しとっても、何《な》ーんの役にもならへん、と言っとるガヤ！」

「文のきまり（文法）」の授業、その事前の生徒からの質問に、私は世間の風評を敢《あ》えて男先生にぶつけてみた。

「文法なんか知らんでも、大人はあんばよう『文』を書いているガヤ！」、更に、続けて私の疑問も問うて見たが、男先生は頷《うなず》きながら、ニヤニヤしている。その様子から、先生は私の発言に満足している事が窺《うかが》われる。

ところで、国語の授業での我々の勝利は「ハチの観察文」以来、近づきつつある。その「つつある」とは、啓子や満里子にはまだ勝《か》てないからだ。議論等での、彼女達の言葉の多さには未だに圧倒される。だが、この「勝利」に対するこだわりも然《さ》る事《こと》ながら、近頃では我々に対する男先生の「たのしみ方」が、気になるのである。男先生は、我々の発言を待っている様である。それも、真面《まとも》なものでは駄目だ。我々も、近頃では随分立派な発言をしていると思うのだが、それでは「お前達は優等生になるな」、と言わんばかりに却《かえ》って男先生を不機嫌にする。勿論《もちろん》我々も、その期待には応えなければならない、と思うのだが……そうそう、つい先日の事！「国語を調べる」の授業で、とても真面《まとも》とは思えない忠の発言！「漢字無用論」に男先生は飛び付く。そもそも、この発言は元々は啓子への挑戦である。

「言葉の使い方」の授業……「多義語」を生徒達が黒板に「集め」ていく。啓子は、「たつ」の「多義語」に「東京を発つ」、「水を断つ」、「台の上に立つ」、「時《とき》が経つ」と書き出していく。この「たつ」のそれぞれの漢字に、忠が早々と異議を申し立てる。

「『たつ』は元々が日本語だガヤ、ひらがなで書くガヤ！」、彼の言う通り、彼女だけが漢字を使っている。前の二人は「心をうたれる」・「バッターにうたれる」・「雨にうたれる」、「考えぬく」・「自動車で追いぬく」・「ジュースの栓をぬく」等、一つの言葉でありながら、いろいろな意味や使い方がされる言葉の「多義語」において、全て「ひらがな」で書いている。

「そのたんび（たび）に漢字ばっか（ばかり）当《あ》て嵌《は》めんでも、前後の言葉で、同じ『音』でも、意味が違っとること判るガヤ！」

この啓子への異議は、単なる反発ではない。我々の努力の裏付けがあってこその反論である。

〈参照〉「言葉の使い方」

(一) 多義語 [例] 見る↓(ながめる・ためす・せわをする等)。

(二) 複合語 (二つ以上の言葉が結びついて、新しい意味をもつ一つの言葉になったもの)、[例] 持ち帰る↓持つ+帰る。

(三) 擬声語《ぎせいご》 (音や鳴き声などに似せて表す言葉) [例] 靴の音がコツコツと響く。擬態語《ぎたいご》 (動作や状態を表す言葉) [例] 人がぞろぞろ歩く。

(四) 決まった言い方の語句《ごく》 [例] 空想にふける。・万感胸《ばんかんむね》にせまる。・進退きわまる。

――遡《さかのぼ》ること、「漢字の読み方」の「勉強会」……そこでは「広辞苑」を使う。「六書の集め」では、家に帰って辞書で調べようとしたが、その種類の説明はなく無駄であったが、ここでは、その威力がいくらでも発揮出来ると持ち込んだ。皆にとっては、初めての「広辞苑」である。

「ウハァ!! 訓読みがどえりゃあアルガヤ!」」、三画で「上」を引くと同時に、皆の一声である。

指事文字の「上」の音読みは、「ジョウ」と「ショウ」の二音。「上」の訓読みは「うえ」・「かみ」・「あげる」・「あがる」・「のぼる」・「たてまつる」・「ほとり」の七言葉。中国の発音をそのまま用いた読み方で、発音を聞いただけでは意味が判らない「音読み」、その「ジョウ」の音は音読み同士の熟語の「以上」から意味と共《とも》に理解する。しかし「ショウ」ではその発音での熟語は思いつかず不明のまま。次に、漢字のもっている意味を日本の言葉にあてはめた読み方で、発音を聞いただけで意味が判る「訓読み」、その「かみ」が訓同士の「川上（かわかみ）」の熟語から来ていることで知る。

「『あげる』は『上げる』でなくて、他の漢字だガヤ！」、武の疑問に「広辞苑」で検索、「あげる」・「あがる」には「上」・「揚」・「挙」「のぼる」には「上」・「昇」・「登」の漢字が当て嵌《は》まる。又、「たてまつる」と「ほとり」は、その訓読みの箇所、「のぼる」以下に一段と小さく書かれており、その理由は「当用漢字音訓表」に示されず？　とある。

「漢字の読み方」ではほんの試しに、分かり切っているはずの簡単な漢字の「上」から調べ始めてみた。だが、複雑で、調べるのに余程の時間が掛かってしまう。一息入れながら、辞典を三画のページに戻し、私はぼんやりとその多くの漢字を眺めていたが、突然！　孝が騒ぎ出す。

「なぁーガヤ（無い）!!　『大人（おとな）』の『大』の『おと』、『人』の『な』は、音にも訓にもなぁーガヤ！」

彼は、同じページの二画と三画から「人」と「大」に目を止め、「大人（おとな）」を思い付き、その熟語の「大」と「人」のそれぞれの音と訓を照会したのであろう。

「漢字の読み方」では、「熟語」に関しては上を音で読むと下も音、上を訓で読むと下《した》も訓。その例外として、上が音で下が訓（重箱《じゅうばこ》読み……例、団子）、上が訓で下が音（湯桶《ゆとう》読み……例、見本）がある。以上を授業で習うが、その又例外、音にも訓にもない読み方、「大人（おとな）」があることを見つけただけに、その驚きは大きい。

「八百屋（やおや）の『百《お》』は、音が『ヒャク』で訓が『お』でなぁーきぁ？」

次に、八百屋の徹はその「百」に疑いを向けた。早速、「百」を五画で探すがこれがまた一苦労、たまたまページを超え六画で見つけた。「百」は、音で「ヒャク」、訓で「モモ」、「お」が無いことも判る。

「俺は『今朝（けさ）』を『コンチョウ』と音で読んで、よう直《なお》されとるガヤ！」

私からは、漢字からはどうしても「けさ」と読めないまま、「こんちょう」と読み、それが癖となっている「今朝」を挙げる。

「俺も、『果物（くだもの）』を、『カブツ』と読んで、お父《とう》によう怒られとるガヤ！」

「俺は『七夕（たなばた）』だガヤ！　漢字では読めへんガヤ！」

私の後からは徹、次に武が、それぞれに挙《あ》げる。

「わかっとるワ！　中国の言葉の漢字を、日本の言葉で読んどるだけだガヤ！」

勇に言われてみれば、単に翻訳《ほんやく》の問題であり、「漢字の読み方」とは関係がない様にも思えてくる。只、国語の教科書にある漢字の「音」と「訓」、「広辞苑」を使えばいくらでも集まるが、問題は、その「集め」にどの漢字を持ち出すか？　探《さが》す事になる。

「胃（イ）と肺（ハイ）は音読みだけで訓がないガヤ！　音で意味がわかっとる、と言うことだで（だから）、中国語がそのまま日本語になっただなぁーきゃあ？」

「横綱の栃錦。『栃』は訓だけで『とち』、日本で出来た漢字でなぁーきぁあ？　漢字はよーけ（幾《いく》らでも）作れとる、と『六書』で言《い》っとるワ！」

「チンピラ（不良者）の言葉の『面《つら》を貸せ』の『つら』が、正しい言葉の辞書に載《の》っとるのはおかしいガヤ！」

九画では、「胃」は音で「イ」だけ、「肺」は音で「ハイ」だけ。「栃」は訓で「とち」だけ。「面」は音で「メン」、訓で「おも」・「おもて」・「つら」。誰彼《だれかれ》と無く、「広辞苑」での発見は多く、皆の驚きは最高潮にある。

それにしても、漢字の歴史は深く、その音読みだけでも漢音・呉音・唐音・慣用音など、七種類程あることを「広辞苑」で知り、訓読みに至っては、その意味を昔より、日本の言葉に当て嵌《は》めてきただけに、より多く複雑になることが判る。授業では、そのほんの触《さわ》りに触れただけの様で、この「広辞苑」の厚さに、途方もない言葉や漢字の多さ、深さ、複雑さ、難しさを思う程に「余程の勉強がなければ、大人（社会人）にはなれないぞ」、という不安に駆られる。それと同時に「もう少し、スッキリと成らないものか？」、とうんざり。こうして我々は、この「集め」の授業では「音」・「訓」以外の特別な読み方、「今日」・「上手」・「眼鏡」等を挙げた。

——戻ること「言葉の使い方」の授業……忠からの「多義語」の「たつ」に漢字を使うことに対する異議に、間髪を容《い》れず啓子が反撃する。

「前の二つは、同じ意味だで（だから）漢字にすれば同じでしょうガネ！」

確かに、「心をうたれる」・「雨にうたれる」等、あるいは「ちえをしぼる」・「タオルをしぼる」等、それぞれが「打たれる」と「絞る」で同じ漢字となる。

「水をたつ、台にたつ、では、その『たつ』の意味が違うでしょうガネ！　漢字だもんで、それが判るでしょうガ！」

「逆だガヤ！　前後の言葉で意味がわかっとるだで、その意味の漢字が使えとるだけだガヤ！」、どうやら、忠が一本取った様だ。更に、その勢いによると、

「元々は、日本の言葉に中国語の意味、その漢字を当てただけなのに、その漢字を使う事で、逆に『音読み』等の中国語がそのまま漢字で日本語になったりする為、漢字を使えば使う程、日本語と中国語がチャンポンになって、ややこしくなるばかり」、到底覚え切れるはずもない「広辞苑」での漢字の量、こうした裏付けに基づく彼の反撃である。

「仕方ないでしょうが！　千五百年以上も前から、漢字は日本の文字になっとるだに！」

啓子に、そう言われてみれば、漢字は中国で生まれた文字。だが、その「六書」から、例えば「ジャングル」を「林林」として一つの漢字にする。又は「熟語」として、二つの漢字を組み合わせる方法で「密林」とする等、日本独自に、幾《いく》らでも作ることも出来る。それに「略字」、母が使《つか》う旧漢字（關《せき》）も、新漢字（関）に変わってきている。

「それに、元々日本には文字が無《な》ーもんで……」、啓子の言う通りである。それにしても、漢字だけで日本の言葉を書くとは？　例えば「美しい花」は、「美花」と書いてそのまま「うつくしいはな」と読んでいたのか？　それとも「美しい」の「しい」に意味とは関係なく、日本の言葉と同じ音の漢字（椎《しい》）を当てて「美椎《うつくしい》」としたのか？　何《いず》れにせよ、漢字だけで書く日本の文章、その「漢文」に興味は広がる。

「うん！　文字があらすか（無い）!!　日本にはひらがな、カタカナがあるガヤ！」

啓子の反撃に忠の一喝《いっかつ》が飛んだが！　私にとっても思わぬこと、彼女の直ちの反論に、彼の勢いは一瞬にて止まる。

「何《なに》言ってりゃあす!!　ひらがなはまっと（もっと）後、平安時代に、女性が漢字を略して使った文字でしょうが！」

そう言われなくても、私も知っていた。「ひらがな」は、『源氏物語』などで「おんな（女）文字」として使われ、当時の男性はそれを馬鹿にして使わなかったこと。又、「あ」は、漢字の「安」を略した文字であること等、色々と知っていただけに、無言のままの忠を助ける言葉も無い。

「小島（忠）！　ところで君は、何が言いたいのかね」

二人の口論を、真剣な様子で聞いていた男先生。やがて、黙《だま》ってしまった忠に問《と》い掛《か》ける。

「喋《しゃべ》りでは、『音《おと》』だけで判っとるガヤ！　そんだもんで『文《ぶん》』でも『ひらがな』と『カタカナ』だけで判るガヤ！」

「そう、ということは漢字は必要ない、と言う事か？」

「ハイ、そうだガヤ！」

「ハ、ハー、すると小島は差し詰め『漢字無用論者』、という事だなぁー」

「そこは、どっこい、一寸《ちょっと》待ってくれ！」、と私は先生に思わず叫びそうになった。忠がそれ程に、極端なことを思っているわけではなく、行き掛かりでの事だけに、彼には「なるべく漢字を使わない、無駄に使わない」の、精々「省漢字論」で止めていて欲しかった。

そもそも、我々の「省漢字論」は、画数での字引《じびき》、その漢字の上の略号（＊、＊＊）である「当用漢字」と「教育漢字」を「広辞苑」で引いた事による。それによると、如何《どう》やら漢字はその使用する範囲を決めているらしい。それも、その範囲を制限する為、と言う事だ。そうであれば、特に訓読みなどは、「ひらがな」「カタカナ」を優先し、漢字の範囲を今以上に少なくすべきだ。難しい漢字が多ければ、それだけ余分な勉強を国民に強いる事になる。

「小島、そうだとして、既に多くの漢字が使われている日本の文章、それをだなぁーひらがな・カタカナの『音《おと》』と、言葉の使い方だけで、その意味をどこまで伝える事が出来るか、問題は『同音異義語《どうおんいぎご》』だなあ！」

さて、「漢字無用論」の論争は、男先生の自問自答から始まった。我々は不本意ながらこの問題で喧嘩《けんか》を売ってしまったが、売るからには買って貰《もら》わねば！　と意気込んだ。

最初に、具体的な問題として先生は、「多義語」から「異を唱える」・「意を決する」・「医は仁術《じんじゅつ》」・「胃」・「亥の刻《こく》」等、読み方は同じでも漢字や意味のちがう言葉、（同音異義語）の音読みの「い」を挙げた。

我々は、その「い」の意味の違いを、仮名の「い」と「イ」だけで分ける方法、あるいは言葉の使い方、その「い」と他の言葉の組み合わせによる方法に挑戦することになる。

〈参照〉「**熟語の種類**」

（一）同音異義語　［例］セイカク（性格と正確）

（二）反対語　［例］成功↕失敗

（三）同類語（漢字が違っていても、意味や使い方が似ている言葉）

［例］不安＝心配、経験＝体験

〈参照〉「**熟語の組み立て**」

（一）二字の熟語　［例］永久（同じ意味の漢字を重ねたもの）

■遠近（反対の意味の漢字を重ねたもの）

■美人（上の漢字が下の漢字の意味を飾るもの）

■読書（上が動詞で下に目的を表す語がつくもの）

■無害（上に打ち消しの漢字が付くもの）

（二）三字以上の熟語　［例］市役所（上の一字が下の二字の意味を飾るもの）

■人類愛（上の二字が下の一字の意味を飾るもの）

■衣食住（対等の関係で並べられるもの）

■海外旅行（二つの熟語を組み合わせたもの）

■前後左右（一字一字が独立したもの）

それにしても、「同音異義語」の多さは、国語辞典を見れば一目瞭然。それに、その一字一字の漢字の音読み、例えば「性」であれば「セイ」、と精々二音程度で短い。しかし、意味を含めた形である漢字は同じ音《おと》でも、その形で幾《いく》らでも区別出来る。その為、短い発音で多くの言葉が創られる。尚、限られた字数で、その一字一字には決まった意味を持たない「ローマ字」。その英語での同音異義語は、ローマ字の綴《つづ》り（スペリング）の違いで区別される。例えば、一、ad（広告）とadd（加える）。二、boy（少年）とbuoy（ブイ・浮標）。三、do（……をする）とdew（露、涙の雫）とdue（支払期限、……することになっている・due to...）。又、英語では、「い（異）」の様に、一音での異義語はない。それに、言葉の意味を一字一字の組み合わせ（綴《つづ》り）や、音《おと》の組み合わせ（発音）で表す英語では、「同音異義語」は多くて三種類まで。

「漢字無用論」での挑戦……同音異義語の「い」の場合、「仮名」は、漢字をもとにして、日本語を書き表す様に、その音《おと》だけを表す「平仮名」と「片仮名」の二種類となる。その「仮名」では、漢字の音読み、「い」の異なった多くの意味のうち、二つの「い」と「イ」しか表すことが出来ない。それでは！　と英語の様に、例えば「いい」・「いイ」・「イイ」・「いい」・「いいイ」等、色々綴って多くを表すのか……そうではなく、元々我々の試みは発音だけの「喋り」の様に、文章の流れ、その言葉の前後から「仮名」だけで「同音異義語」の区別が出来るか？　その事にある。例えば、「いをとなえる」から、その「い」が「異」であり「医」でないことが判るか？　という事である。「い」の異義、特に「いのこく」の様に決まった言い方の語句としてある場合は問題ないが、その「い」を区別する為には、最初から多くの意義の「い」を覚えておく必要がある。又、「いしゃがいをとなえる」の様に、「異」にも「医」にも取《と》れる場合、例えば「いしゃがその専門のいをとなえる」等、その意味が判る様な言葉が、その前後に必要となる。

一方、漢字では「形」から、その「発音」と「意味」を知る事になり、同じ「い」でもその多くの形でそれぞれの「い」の意義を知る為、その前後の説明は必要なく、端的な文章になる。「漢字無用論」では、我々の完敗である。漢字の使用範囲に関しては、精々「省漢字論」において、日本語（訓読み）では、なるべく仮名を使うというぐらいで、元の中国語（音読み）に至《いた》って仮名を使うことは、元が外来語だけに、所詮無理なことになる。それにしても、「漢字無用論」を試みるに至り、逆に「漢字」の凄《すご》さを知る事になるが、孝はその創造性に於いて、「熟語の組み立て」では「否賛成」との新熟語を創り、「反対」とは同じ意味、と言うのだが……残念ながら我々の本意、「省漢字論」を伝えることが出来ないまま、授業を終わらせることになる。

❏夏休み前の「国語」の授業、「文のきまり（文法）」

「文法に関して、何か疑問や知っている事がある人！」

「いろいろ調べる」の授業では、その事に関する生徒の色々な知識等も先生が聞いてくる。「事前質問」の時間割が設けられる。しかし、私の「文法への世間の風評」に対しては直接応《おう》じる事なく、ただニヤニヤしたまま黒板に向かった。そして、一列目には単語を並べ、間隔を大きく開けた二列目には文を書き、そのまま私に読ませる。

（一）、山岡、質問、先生、答え。
（二）、しかし、何故、山岡がそのような質問をするのか
　その理由を是非、先生は知りたい。


「一列目では、何か伝えたいこと、判るか？」、読み終わると直ぐに先生からの質問が来る。

「判らんガヤ！」

「それでは何故？　判らない……」

「只《ただ》、言葉を一つ一つを並べとるだけで、『文』になってなーガヤ！」

「そういう事だが、山岡は『文』が何の為にあるのか？　判っているよなあー」

「……」、その分かり切った質問には、先生に何か小馬鹿にされている様に思え、不問にする。

「ならば、考えや気持ち等、何故！　『文』にすると伝わるのか？」

「だで（だから）！　いろいろ言葉を繋《つな》ぎ合わせとって、『文』にするだもんで！」

「詰まり、言葉を綴り合わせる。それでは、どの様に言葉を組み立て綴り合わせれば『文』になるのか？」

一転して難しい質問というよりは、いきなり「文法の問題」に踏み込んできた。それこそ余程に文法を学ばなければ答えることは出来まい。ここからは「文法」の授業、その先生の説明に入る。

「色々な言葉を綴《つづ》り合わせて『文』とする。その言葉とは『単語』と『文節』の二種となる。詰まり、単語や文節を綴り合わせて文とする」

「文節とは……文を意味の分かる範囲で区切った場合の一つ一つの言葉のかたまり。例えば……『私は少年です』の文では、『私は』と『少年です』の二つの文節に区切ることが出来る。その『私は』と『少年です』の二つの文節は、それぞれに『私』と『は』、『少年』と『です』の単語に区切ることが出来る。詰まり、文節を意味の上から考え、さらに細かく分けた言葉の最小単位が単語となる」

「文節」と「単語」の説明が終わると、先生は立ったままの私を差し置《お》き、他に出題する。

「それでは、黒板の二列目の文を、文節で区切ると？　判《わか》る人！」

優子が指名され黒板に解答。

（二）、しかし／、何故／、山岡が／そのような／質問を／するのか／
その／理由を／是非／、先生は／知りたい。


「次に、黒板の一列目の四つの単語のそれぞれを一つの言葉のかたまり、即ち『文節』にして、二つを単に綴り合わせて文を作ると、ハイ！　山岡」

「ハイ！『山岡が質問する』、『先生が答える』の二つ文出来るガヤ！」

「その『何は／どうする』・『何が／どうなんだ』の『何は・何が』に当たる文節が『主語』であり、その『どうする・どうなんだ』に当たる文節が『述語』となる。この『主語と述語だけの文』は、『文の構造上の種類』として『単文』に分類させる」

やっと、質問が立ったままの私に戻ってきたが、その「単文」の説明が終わると、先生はその主語と述語の様々な言い回し方、詰まり色々な組み合わせを他の生徒に質問、その答えを「文の構造上の種類」として、黒板で三種類に分ける。

（一）山岡、質問、先生、答え

①山岡が／質問する（単文）……主語と述語
②山岡が／質問し／、先生が／答える（重文）……主語と述語＋主語と述語
③山岡が／質問した／答えです（複文）……主語と述語＋述語

「さて、『山岡が質問する。先生が答える』の二つの『単文』を組み合わせた言い回し方にすれば、ハイ、ハイ！　中村（四郎）」

「ハイ、『先生は山岡の質問に答える』だガヤ！」

「この言い方（文）の場合、『何は／何を／どうする』で文が組み立てられており、先生が『何を／答える』か……その答える内容を詳しくする言葉の『何を（山岡の質問に）』を加えることで文にする。詰まり、主語や述語にその内容や意味、様子を詳しくする言葉《ことば》となる『修飾語』を加える方法で文を組み立てる」

四郎の答えは『文の組み立て』とし説明、黒板に書かれる。

（二）先生は（主語）／山岡の質問に（修飾語《しゅうしょくご》）／答える（述語）

「ところで、この文では、山岡の質問に対して、先生の気持ちが伝わらない。即ち、その気持ちを詳しくする言葉が足りない。そこで先生がさらに、この文を修飾する」

（三）五年生の担任である（修飾語）／先生は（主語）／このクラスの山岡の難しい質問に（修飾語）／真剣に（修飾語）／答え（述語）／なければならない（修飾語の助動詞）

「この文では、述語の『答える』の下にも、その動作を表す言葉の『動詞』に意味を加える言葉の『助動詞』、『なければならない』を付け加えた。この『修飾語の助動詞』は、例えば『答えず』の『ず』・『答えない』の『ない』・『答えた』の『た』・『答えよう』の『よう』等、色々な意味や気持ち、状況等を動詞を修飾する助動詞で伝えることが出来る」

先生の説明は、何時も使っている言葉のこと、「なるほど！」と文法には段々と興味が湧いてくる。それにしても、文法は学問が故に余程勉強しなければ判るまい、と思っていたが……ここに至っては、黒板の先生の文に、何だか私の事前質問が恥ずかしくなってきた。

〈参照〉「文の種類」について

動詞の下に続く修飾語の助動詞によって「文の種類」が決まる。

(一) 文体上……普通の言葉使いをする「常体文」、例えば「答える」は、その下に修飾語の助動詞「ます」を加える事によって「答えます」となり、丁寧な言葉使いとなる文体の「敬体文」となる。

(二) 意味上……動詞が規則的に変化する、例えば「答」は、「答え」→「答え」→「答える」→「答える」→「答えれ」→「答えよ・答える」と活用することと、その下に続くいろいろな「助動詞」によって、それぞれの意味も加わり、文の種類が決まる。例えば「答える」の「平叙文」はその活用形の「答えよ」において「命令文」に。又、その修飾語の助動詞による「答えますか」は「疑問文」、「答えでしょう」は「感動文」になる。

(三) 構造上……主語と述語の組み合わせ、「単文」・「複文」・「重文」。

(四) 成文上……主語がない文、例えば「よく晴れた日です」の「今日は」がない「省略文」、又、主語が後にくる文、例えば「難しくて、とても出来ません、僕には」の「倒置文」において文と成す。

「文のきまり」の次は、「言葉のきまり」。
「文節を意味の上から、さらに分けた言葉の最小単位となる単語（文↓文節↓単語）。その性質の違いから分類される『品詞《ひんし》』や『語』は、その性質に於いて『呼び名』や『使われ方』が決められる（言葉のきまり）」

〈参照〉「言葉のきまり」

（一）おもな品詞
①名詞……ものの名前を表す言葉。固有名詞、代名詞（そこ・どれ・それ・あそこ）
②動詞……動作を表す言葉。文法上、自動詞（水が流れる）と他動詞（水を流す）、可能動詞（泳げる）等に区別される。
③形容詞（静かな）・形容動詞（静かだ）……様子《ようす》や性質を表す言葉。
④副詞（もし・ぜひ）……動作やようすを詳しくする。「もし何々したら」・「ぜひ何々したい」等、副詞によって続く言葉が決まっている（副詞の呼応）。
⑤助動詞・助詞（私は　私を）……他の言葉について意味を加える。助動詞は、覚えられる（可能）、与えられた（受け身）、書かれた（尊敬）に分類される。

（二）指示語
ものをさして言う言葉、「これ」・「それ」・「あれ」・「どれ」等。

これらの「こ・そ・あ・ど言葉」の中で、「こ」は自分に近いもの、「そ」は相手に近いもの、「あ」はどちらからも遠いもの、「ど」は決まらないものをさす。又、「こ」の場合、「これ」はもの、「ここ」は場所、「こちら」は方角、「この」は指定された何か、「こんな」は様子をさす、と決まっている。
（三）接続語
言葉と言葉、文と文をつなぐ役目をする言葉。

だから・そして（順接）、しかし・けれど（逆接）、つまり・すなわち（言いかえ）、それとも・しかも（選択）、それに・さらに（添加）等。


以上の「言葉のきまり」の一通りの説明が終わると、先生は黒板の二列目の単語で区切り、その一つ一つを品詞等で示した。

（二）しかし（接続語）／、何故（副詞）／、山岡（固有名詞）／が（助詞）そのような／（形容動詞）／質問（名詞）／を（助詞）／するのか（助動詞）／、その（指示語）／理由（名詞）／を（助詞）／、是非（副詞）／、先生（名詞）／は（助詞）／知り（動詞）／たい（助動詞）。

「さて、山岡の質問の通り、一般的には文法を学ばなくても普通に『文』を書いている。又、先生も文法を意識することなく、この文も書いた。それに主語・述語・修飾語による文の組み立て方や、文の種類（文のきまり）・言葉の種類（言葉のきまり）を学んだからと言って、文章が上達するとは、誰も思わないであろう」

如何《どう》やら、余程勉強しなければならないのは文法の用語等、そのいちいちを覚える事以上に世間一般では漢字等、より多くの言葉を覚える事になろう。この意味に於いて、文法を学んでも何の役にもたたない、という風潮《ふうちょう》がある様な気がする。それでは「何の為に文法を学ぶのか……」。

「言うまでもなく、言葉遣いや文を上達させる為には、一般からその多くを倣《なら》うことである」、ここからは「文法」の解説に入る（先生の講義から）。

「皆も、学校で習《なら》うなど、広く全体に行き渡っている言葉や文に倣《なら》って作文している。一方で、広く一般に使用されている日本の『文』に対し、文節と単語、主語と述語と修飾語等、その言語の構成要素がどの様にしてあり（形態）、又どの様にして文を組み立てるべきか（構文）、その『形態』と『構文』の見地（立場）から、文を要素毎《ごと》、言葉の性質毎《ごと》に分析、その観察した通りに記述する研究に於いて『文法は学問』としてある。その『形態』としては、例えば動詞の活用形の様に、単語の語尾を規則的に変化させ、平叙文から疑問文や命令文等、意味を加える形式で、その一定の決まった文の形が『文の種類』としてある。又、『構文』としては、主語と述語に文を詳しくする修飾語を加える形式で決められた『文の組み立て方』を言う。こうした一般の文に倣《なら》って文を書く、ということは、一般の文の形態と構文の見地からなる文法に則《そく》した文となり、逆に、『構文』・『形態』での『文・言葉のきまり』が故に、文は一般に通じることになる」

「ところで、一般に通じる文にあっても『文』が先か『文法』が先か、ということでは、例えば英語教室では『I am a boy』と言う様に、まとまった内容を書き表す言葉や文から教える。それに、文の『組み立て』や『品詞』の違いなど、英語が国語とは形態が異なるから、と言って最初から英語を文法から教える事はまずしないであろう、この意味からも、文が先にあることになる（形態）」

次からの講義は「異なる言語の形態」及び「形態の変化」に関して。

〈参照〉「国語と英語の文法上の違い」について

1　文の組み立て方の違い

I/am/a/boy　↓　私は／です／一般の／少年

2　品詞等、単語の種類と使い方の違い

I/am/a/boy　⇓　私／は／少年／です

①国語の「私は」では、「私」（名詞）と「は」（助詞）の二つの単語に対し、英語では、「私は」の「I」は、「私の」の「my」と「私を」の「me」、と主格から所有格、目的格と変化する一つの単語であり国語での「そこ・どこ・それ・あそこ」と同様の名詞に変わる代名詞として扱われる。

②「a」は、国語の「その」と同様で名詞を修飾する連体詞であり、「the」（その）等の特定な人・ものを示すことに対して、一般の人やものを意味する修飾語。

「さて、言葉や文字も、まるまる異なる国語と英語。その文を書く上での法則となる『文法』

も異なる。何故、同じ意味を伝える言葉がこれ程までに違うのか、皆も考えてみよう。それに、国語に於いても漢字の伝来以来、言葉や文字等が大きく変わってきたことは、皆が学んだ通りである」

講義の途中で終業のベルが鳴る。一旦、授業は終了。しかし、私は国語と英語の文法の違いに、ふっと英文の「マイホーム」（私の家）が頭に浮かび、例えば「授業終了」等、「漢字や熟語を並べて文とする」、とある様に英文の使われ方にも、国語の「形態」の変化を重ねていた。

❒翌日の国語の授業

「ところで、皆は、学校に何しに来てる」

文法の大きな意味、その追求のはずの授業だが、いきなりふざけた先生の質問に教室はにわかに騒がしくなる。

「決まっとるガヤ、勉強だガヤ！」、「勉強だガネ！」、生徒達は挙手することなく、口々にそう叫ぶ。

「それでは、勉強とは？　その意味は？」、重ねて、火に油を注ぐ様に先生の質問が飛ぶ。

「勉強は勉強だガヤ！」、「勉強は勉強だガネ！」、生徒達は質問には戸惑いながらも、互いにその意味を確認し合う様に、より声を張り上げた。

「静かに、静かに！　勉強の意味を勉強だと言って、皆は、勉強の意味を本当に知っているのか?」

確かに「勉強」は、普段の言葉だけにイメージとしてはあるのだが、その意味をより砕《くだ》いて説明することは、却《かえ》って難しい。その所為であろう、皆も黙り込んでしまった。

「ハイ!」、その沈黙を破って啓子の手が挙《あ》がる。その机の上には小さな辞書が開かれている。先生の指名に、彼女は辞書をまるまる読み上げ、先生は読まれるままに、その意味を黒板に書く。

「勉強」 ①(学問に)努めはげむこと。勉学。
②値段を安くまけること。

「それでは、その『勉学』とは?」、その質問に啓子は再び辞書を引き、意味も黒板に書かれる。

「勉学」 ①学問に努めはげむこと。勉強。

先生の質問に、辞書を使う事は、テストのカンニング同様に思えるが、この頃には数人の生徒が持ち込んでいた。確かに、「国語を調べる」の授業では、調べながらの辞書は当たり前のことだが、問題は「勉強」の意味、その②である。再び、先生の講義が始まる。

「それでは、同じ意味の二つの熟語は、どの様にして生まれたかを復習する。『勉強』は、同じ意味の漢字を重ねた、例えば『永《なが》く久《ひさ》しい』の『永久』の様に、懸命にするの『勉《つと》める』と、程度がはげしいの『強《つよ》い』を組み合わせて『勉強』とした。一方で『勉学』は、上が動詞で下に目的を表す漢字、例えば、『書を読む』の『読書』の様に『学問に勉《つと》める』の『勉学』とした。『勉強』には、『勉学』の様に目的を表す学問の『学』はないが、努めはげむ様子や態度を、学問に用《もち》いる方法で、その意味とした」

「その用法は、商人達によって、大衆の生活の為に『値段を安くする』、そうした経済に対する努力の姿勢にも当て嵌《は》められ、やがて、その意味としても一般化した」

いやはや！　私は辞書の②の意味では、徹家《んち》の小父《おじ》さんの毎度の挨拶「コッケ君、今日もベ・ンキョウしておくで！」の「ベンキョウ」は、軽い言葉と思っており、それが重い言葉の「勉強」と同じ言葉であることを初めて知る。同時に、「広辞苑」で見つけた「ツラを貸せ！」の不良言葉を思い出し、「ツラ（面）」に対して何故、正しい言葉の辞書に、この様な俗語が載るのか？　疑問であった。しかし、「勉強」の②の意味の説明に、一般に使われている言葉、その普及の意味に於いて「正しい言葉」があり、「良い・上品な言葉」とそれを混同していたことに気付かされる。

さて、「勉強」の②の意味は、殆どの生徒にとって意外なことの様で、それだけに皆も真剣に耳を傾ける。

「皆が普通に使う『勉強』。しかし、他の意味で使う人は今では段々少なくなり、やがて使う人が居《い》なくなれば、その言葉の意味も消えるであろう。これまで、意味を表す言葉は『漢字の出来方』や『漢字の読み方と書き方』、それに『熟語』から等、次々と生まれてきたことは学んだ通りである。それに、『勉強』の様に、『言葉の意味と使い方』においても、『複合語』として、次々と言葉が生まれてきた、又、『特別の意味の使い方』として生まれた言葉もある」

〈参照〉特別の意味の使い方

(一) 慣用句《かんようく》……昔からある特別な意味をもって使いならされている言葉。

[例] 顔が広い・ねこをかぶる・油を売る

(二) 諺《ことわざ》……昔から言いならされた言葉で、誰が作ったともなく伝わったもの。

[例] 猫に小判・灯台もと暗し

(三) 故事成語《こじせいご》……昔から伝えられている物語や、事実をもとにした、いわれのある言葉。

［例］十八番（「歌舞伎十八番」）から、得意な芸や技の意味に使われる

「更には、マッチ、パン等の外来語もあるが、この様に意味のある言葉は、様々な手法から様々な人々によって創造される。その一方で、互いの考えや意見を伝え理解する活動、即ちコミュニケーションの手段としてある言葉は、国家等、人々の共同生活の秩序と発展に対して、広く地域に広める必要がある。ところで、より広く伝える事が出来、より多勢が理解する事が出来る手段として、どの様な方法があるのか？……」

「ハイ！」、この思い切り元気な声は、「漢字無用論」で負けた忠である。

「多勢の人が、直ぐに覚えられる『文字』だガヤ！」、彼の後に啓子が続く。

「意味を伝える事が出来る文字、それが漢字だガネ！」、どうやら、この二人の対決は、まだ続いている様だ。

「小島（忠）の意見、その『文字』を普及させる為には、大変重要なことである」

先生の質問とは別に、忠は「漢字無用論」での意義を、その普及活動において、示すことが出来た。あの元気な返答は、その所為であろう。

「さて、単語としての『文字』は、言葉を目に見える形で表す。同時に、その『文』は考えや意見等を書き表す。『文』は『音声』での言葉以上に、より多くの意味をより広くより多勢に

伝える事が出来る。だが、問題は、言葉は絶えず様々な場所で生まれ、変化し、消えていく、そこで、正しく文字や文章を伝えていく為に必要な事は？」

「ハイ！　学校で教えること、教育だガネ！」

「ハイ！　言葉の正しい書き方、意味を書き記《しる》す、辞書だガヤ！」、生徒の返答に、続けて先生からの質問。

「学校教育は、広く全体に行き渡っている言葉に倣って行われるが、その正しい文字や文章はどの様《よう》にしてあるのか？」

　この質問からは、生徒から答えを導《みちび》き出そうとする先生の思いが伝わってくる。その為であろう、皆は目と目を合わせ、誰か早く答えろと互いに焦り出す。

「ハイ！」、私は、当用漢字のことが再び頭に浮かび、直ぐ様挙手、以下の様に答える。

「漢字の略字がより広く使われている場合、その略字に決めるという様に、文字も文章も何処かで誰かが、それが正しい言葉と決めなければ、様々の場所から様々な方法で生まれ変わる言葉が、バラバラのままでは広く国中で通じないし、広める事も出来ない」

「正解！　正しい単語の『文字』は、広く全体に行き渡っている言葉を集めて整理し、その書き方・意味・用法等を『本』にまとめあげて表す。即ち、辞書等の編修において言葉を確定させる。そして、継続《けいぞく》して編修することで、言葉の創造・変化・消滅に対応していく」

「国家においても、日常生活に必要とされる当用漢字の一八五〇字を、一九四六年に政府が官報によって、広く国民に知らせる。その当用漢字の中《うち》、義務教育期間中に読み書きが出来る様、指導することが必要な漢字の八八一字を、国語審議会が教育漢字として選定する」

「次に正しい『文』では、言語の構成要素を分析し、分類しながら、その要素の構成過程の特質を十分に余すことなく記述する。一方、その分析・記述の方法が、何《ど》の様なパターンで何《ど》の様にしたら文（意味）を成すのか、詰まり形態と構文の見地から為《な》される事から『文法』は『文を構成するきまり』として解釈され、一般的には正式な『文』として、『文のきまり』としてある」

改めて、「文法」の意味が説明された丁度その時、授業の終了を告げるベルが鳴る。この普段のベルがけたたましく聞こえたのも、私が余程授業に集中していた所為であろう。そして、授業の余韻が残る最中、私は互いの考えや意見を正しく伝え理解する為の文、その「文の法律（文法）」に、ふっと「文法は文の目的を守るもの」、そんな意味を覚え、何か文法の大きな意義を探し当てた様な気がした。

〈参照〉「**かなづかいと送りかな**」、「**敬語**」

（一）現代仮名づかいのおもなきまり

①「オ」「ワ」「エ」と発音するものの中で、助詞の場合だけは、「を」「は」「へ」と

書く。

[例] 映画を見に、僕は町へ行く。

②「ジ」「ズ」と発音するものの中で、次のような場合は「ぢ」「づ」と書く。

[例] はなぢ・ちぢむ、近づく・つづく。

③「オ」の長音は、ふつう「う」で表すが次のような場合は「お」と書く。

[例] おおい(多い)・とおい(遠い)・こおり(氷)・とおる(通る)。

(二) 送りがな(漢字の下につけるかな)の付け方

①動詞は、形のかわる部分から送る。

[例] 読む、話す、教える、落ちる。

②形容詞は、「い」「しい」から送る。

[例] 赤い、遠い、美しい、新しい。

③形容動詞は、「か」「やか」「らか」から送る。

[例] 静かだ、細やかだ、明らかだ。

④名詞には送りがなを付けないが、間違いやすい時や動詞が名詞になった言葉には、送りがなをつける。

[例] 情《なさ》け・辺《あた》り・後《うし》ろ・戦い・動き。

送り仮名は、中国の文字である漢字の下に付ける事で、漢字をそのまま日本語に訳すことが出来る工夫《くふう》であり、国語特質な形態がとられる。

(三) 敬語
①丁寧語《ていねいご》……「です」「ます」などを使い、ていねいに言う事によって、相手をうやまう気持ちを表す。
[例] 面白《おもしろ》い話だ→面白い話でございます。
②尊敬語《そんけいご》……相手の動作・状態・物事をうやまった言い方。
[例] 言う→おっしゃる、読む→お読みになる。
③謙譲語《けんじょうご》……自分がへりくだる言い方。
[例] 行く→まいる、返す→お返しする、言う→申す、食べる→頂《いただ》く。
敬語は、国語の特質として、その使われる範囲や使い方が、最も複雑な構造を示す言葉となる。

❐一学期の終業式、その帰り道でのこと

何時もの様に、平針の町並み（飯田街道）に出て直ぐ勇達と別れ、一人になって暫《しばら》く、私は布の横掛鞄から通信簿を取り出した。成績は、「テスト」や「作文」の点数であろう……そのおおよその見当は付いている事なので、四年生時同様に然程《さほど》気にすることもなく、先生から手

ていた。

渡されたまま鞄《かばん》にしまい込んでいた。だが、道々一人になると、私は自分の成績を色々と辿《たど》っていた。

「テスト」では、これまで「漢字の読み書き」に「算数の計算」、私に限っては一学期の終盤に来て、やっと五十〜六十点台。まあまあ普通であろう。只、授業そのものに関心を奪《うば》われ、テストの点数にはあまり拘《こだわ》ることもなかった。

「作文」では、どの教科にでもあり、授業に関係なく自由に書くことが出来るが、大体はその授業に関する事になる。先生からは、誤字や文の訂正、それに「どうして、そう思ったのか？」、という様なこちらの意見に対する先生の質問や意見等……そう言えば二重丸の様に評価を示すものが一切書かれていない事に、ここで初めて気付く。それに、テストで他人《ひと》の成績を確かめたわけでもなく、ふっと「果たして、私の成績は普通か？」、そんな疑問に突《つ》かれてつい、鞄《かばん》から通信簿を取り出した。

「あ！」、「あ」、通信簿を開いた瞬間！　私は思わず声を上《あ》げた。その七教科に「5」が三つ、「4」が二つ、「2」以下は無い。

「他人《ひと》のものだ！」、高い成績にそう思うと、急ぎ表紙の名前を確かめるが、紛《まぎ》れもなく私の名前である。しかし、戸惑いは増すばかり、思わず通信簿を鞄《かばん》の中にしまい込んでしまう。

「何故だ！　何故だ！」、そのまま歩きながらの自問自答。だが、その成績に心当たりがない。

「そうだ！　先生の付け間違いだ！」、そう思うと何故か落ち着きが戻り、再び通信簿を取り出した。

当時の通信簿は五段階評価。「5」は最優秀（クラスの全体の10％に当たる）。次から「4」（全体の20％）、「3」（全体の40％）、「2」（全体の20％）、「1」（全体の10％）と続く。私の成績では「5」は社会・算数・保健体育、「4」は国語・理科、「3」は図工・音楽。その教科ごとの成績を確かめながら、次に先生の言葉、その小さな欄にも目を配《くば》る。

「行動について、・所見」
1　授業には発言も多く、積極的に参加しており、学ぶことができている。
2　運動委員では、責任感も強く、リーダシップを発揮することが出来ている。

この「所見」は父兄宛のもの。だが、その文からは男先生が私を買っていることが伝わる。そして、「この成績は特別なもの」、と納得する。只、この成績以上に男先生の私に対する「依《え》怙贔屓《こひいき》」、そのことが無性に嬉しく、同時に気恥ずかしさが込み上げてくる。しかし、それ故の成績に四年生同様、結局は通信簿を母に見せることもなく、教科書に挟《はさ》んだまま本棚に置いた。

その日の夕食時。

「明日から孝君と、徹君の二人が塾に来るからね！」

母から突然！　思いもよらぬ話が持ち上《あ》がる。その事に驚いた私は戸惑いを隠しきれずに、ただ黙々と箸《はし》だけを走らせ早々に膳《ぜん》から離れた。

「母の塾へ、何故？」、床に入ってもそのことが頭から離れず、その理由に「勉強会」を暫《しばら》く休んでいたことに当て、考えていた。

最近、我々は学校での授業にも慣れ、クラスにも馴染み、友達関係も広がる等の理由で「勉強会」の回数は徐々に減り、夏休み前の三週間は全く休んでいた。その代わりが塾なのか……だが、何故か「彼等に裏切られた！」という思いを払拭《ふっしょく》することが出来ず、翌日には秋葉神社の鳥居（南門）の前で、塾帰りの二人を待った。

北門の母の塾の生徒数は五十人程。五年生は十一名だが私のクラスからは、孝達《ら》を合わせると、九名になる。塾の母には、男先生の商売敵の様な、先生方の教育の領域を荒らしている様な、同級生から稼いでいる様な、そんな引け目に世間体《せけんてい》の悪さを感じていた。只、孝達二人に対しては、私を出し抜き「テスト」や「受験」の為の「本格的な勉強」をする……その事への反発である。

やがて、二人は鳥居の前の私に気付くと、ニコニコしながら駆け寄って来た。

「お母《かあ》に、塾に行きゃあ！　と、言われたガヤ！」

「塾なら、コッケ君の塾に行こみゃか！　と、お父《とう》が言うガヤ！」

二人は悪《わる》びれる様子もなく、私に近寄るなり殆《ほとん》ど同時に口を開く。徹はどうやら遠くにもかかわらず、わざわざ母の塾を選んだ様だ。

「チュウ（忠）も、近所の塾へ行くガヤ！」

私から声を掛ける間もないままに、又も思いもよらぬ話が持ち上がり、私は思わず怒鳴り声を上げた。

「なに！　チュウ（忠）も勉強!!　まっぺん（もう一度）言ってみイ!!　クソダワケガ！」

その血相に、二人の顔もみるみる青ざめていく。

「お母《かあ》が言っとったガヤ！　コッケ君のお蔭《かげ》だでなも（だでね）！」

「コッケ君家《ち》の塾だもんで、コッケと一緒に勉強出来ると、お父《とう》が言うガヤ！」

怒りの原因を察《さっ》したのか！　二人は塾通いを親の所為《せい》として、懸命に私の怒りを和《やわ》らげようとする。やがて、私は親達の勉強熱に火を付けた彼等の事情を思いやると一転、頭の血も下がっていった。

「イイ君（勇）とタケシ（武）は、どうするガヤ！」

落ち着きを取り戻した私に、孝が呟《つぶや》く様に問い掛けてきた。

「そうだ！　やっとかめ（久しぶり）にイイ君家《ち》に行《い》こみゃあか！」

私は、彼の問いには直接答えず、その訪問日を夏休みの最初の登校日に決め、彼等と別れた。

寂《さみ》しいことだが、「勉強会」は役目を終えた。彼等の事情を察しその塾通いを受け入れた私は、そう思い直し怒りを収《おさ》めた。そもそも、彼等三人が抜けることは、その多くの「発言」や「言い合い」が無くなる。それでは、我々の学習を進めることが出来ない……だが、「勉強会」の中止の寂《さみ》しさ以上に、私の思いはその後の不安にあった。恐らく、私同様に彼等三人も、通信簿の成績は飛躍的に上がった事であろう、そのことが親の教育熱に火を付け塾通いに至《いた》ったことは理解出来ても、私同様に彼等の成績も「本格的な勉強」の成績とは懸け離れたもの、こうした思いはより強くなる。

「勉強会」では、男先生の授業の真似とか、調べ事《ごと》等、それなりに学習してきた。お陰で、我々は学校の授業に馴染み、授業を楽しむことが出来、そのことで男先生に好かれ、成績を上げることも出来た。私に限っても、彼等の親に感謝され悪餓鬼《がき》からいきなり優等生扱いである。しかし、「本格的な勉強」の成績となると、こうはならないであろう。尚更《なおさら》、大学等の進学を思うと、その不安は大きくなるばかり。

❒夏休みの最初の登校日

学校帰りに、勇の小母《おば》さんへのお礼参《れいまい》りに皆で寄った。但し、武が夏休み直前から学校を休んでおり、一人欠けての訪問となる。

「おみゃーさん達、成績上げちょーて！　ここでよーけガンバッタだでなも」

小母《おば》さんの入口での出迎えに、お礼を述べて土間に入ると、テーブルには西瓜《すいか》や煎餅《せんべい》等が用意されていた。お菓子を食べながら、「勉強会」での取り留めもない思い出話に、その学習が遠い昔の事の様に思え、懐かしさすら感じる。

「イイ君は、塾には行《い》かへん？（行かないのか）」

「塾ばっか（ばっかり）でとろくせゃあ！　俺は八事《やごと》の野球クラブに行くだガヤ！」

忠が尋ねると、彼はぶっきらぼうに答える。この頃、体格が見る見る大きくなっていく勇には、ずば抜けたスポーツの才能がある。体育委員でもある彼の「体育」の成績は断トツの「5」で間違いあるまい。どうやら、男先生の薦《すす》めもあって、野球クラブに行くことになった様だ。そんな彼にとって「勉強」は二の次の問題である。だが、将来の具体的な目標を持たない私にとっては、取り敢《あ》えずは「勉強」になろう……今では相撲等、勇とのライバル意識は薄れ、変わって他の塾に行く忠に何だか、そんな意識を覚えながら、ふっと彼の弟分の武が思い出された。

「タケシ（武）は、どうしたガヤ（どうかしたのか）？」

「……」、「……」

忠に、問い掛けた途端！　彼ばかりか勇と徹までもが戸惑い始め、下を向いたまま黙り込んでしまった。その様子に悪い予感、二年前のコウ坊《ぼう》が頭に浮かぶ。

「タケシ（武）がどうかしたガヤ（どうかしたのか）？」

苦い思いに黙ってしまった私に代わり、一人無頓着のまま孝が再度、忠に問《と》い質《ただ》す。彼は、それには答えず逆に「お前達は知っていたのか！」、と言わんばかりに徹達二人に目配《めくば》せを送ると、彼等は頷いた。それで意を決したのか、忠が突然叫んだ。

「親子で逃げとるガヤ！　夜逃げだガヤ!!」

それは、まるで自分自身に怒りを打《ぶ》つけている様であった。武の事件《こと》は、平針の西地区の私と孝にはその噂が届かないままに、東地区の彼等三人にはタブーとして今日まで済まされてきた。だが、忠の怒りを目の前にして、夏休み前の武の欠席に、あまりにも無頓着であった事、そして仲間をどうすることも出来ない、そんな自分を悔やんだ。

八、偏差値教育

我村《わがむら》、「愛知県愛知郡天白村」は来年度より名古屋市に編入、「愛知県名古屋市昭和区天白町」となり、市境《しさかい》の町となる。

今年度は町造りの為、至《いた》る所で急ピッチに進展する道路・水道・下水道・配線等の工事に、急激な時代の発展を子供心にも感じさせる。教育もその例外ではなく合併事業の一つ、平針の新校舎の建設による小学校（通称平小）の開校、それに新品の教科書や多くの教材、完全給食等、豊かな教育がスタートする。

来年度の名古屋市編入に際《さい》し平小では、新六年生を迎える我々を対象に名古屋市統一学力テストへの参加を決める。その為、五年生はこの二学期からその準備に取り掛かることになり、男先生の授業の内容も大きく変わる事になる。

折しも、夏休みから学力テストに向け、「本格的な勉強」を始めた私と、塾通いを始めた孝と徹に忠の四人は、その内容の授業に間《ま》に合わせて習うことが出来、お陰で二学期の成績では優等生組に入る。劣等生から優等生へ……四人はＰＴＡ（父兄会）の大きな話題となり、そのまま学力テストの成績を巡る競争に火が付《つ》く。

新六年生の担任は、ベテランの女性教師。その初頭の名古屋市統一学力テストで平小は、優秀な成績を修める。この勢《いきお》いに、より多くの生徒が私立中学の受験に挑戦することになる（私は、偏差値一位の中・高一貫校を目指す）。こうして高学歴社会に向けた「偏差値教育」のスタートが切られる。

中学進学ではクラスの五十五名中、十四名が私立中学を受験、合格は七名（男子四名・女子三名）に止《とど》まるが、高い高校進学率を求め、都心の公立中学校への越境入学は実に十七名にも及ぶ。その熱狂振りは、私立中学一名を除く全員が地元の中学に入学した前年度に比べれば一目瞭然。然《しか》らば！　越境入学は、公平な義務教育の立場から、地元中学校や教育委員会では問題となる。私の越境入学で然り、その火付け役として弟や妹の父兄会では、母への風当たりは相当強かった様だが決して母が率先したことではない。こうした越境入学は教育熱に火がついた親達の競争であり、生徒同士ですら、互いの越境先を知ったのは卒業直前でのこと。しかし、教育委員会からの指導もあり翌年からは、私立中学を除く全員が地元の中学に入学することになる。

翌々年度、弟達が地元の中学に入学したこの年から母の学習塾も終わることになるが、先ずは母の名誉の為に、これまで月謝を免除した塾生は通算で十人程、その一人が孝《たかし》であることを後に聞かされる。その後、母は広い人脈を買われ広告代理店に勤務、我家の学費の糧《かて》となり続ける。

❐平小の六年一クラス、卒業後の同級生達の事《こと》

タカシ（孝）の事《こと》。

俳優志望の彼は、母子家庭と聞くが家族のことは不明のまま。六年生では、優等生組の彼だが、地元の中学に進む。中学二年生の頃、何時の間にか引っ越すが、その後「俳優になった」、という噂を聞く事もなかった。

ヤマ（山田）の事件《こと》。

名門私立大学の付属中学に合格、ストレートに高等部へ進むも高校二年生で退学。私とは中学校は別であり、高校一年生の終わりに私が隣町に引っ越した事もあって、彼と遇《あ》う機会が無いまま八年程過ごす。折しも、私が大学二年生の時、山田家とは懇意にしていた母が、彼の姉のお見合いを世話する事になり、たまたまその言付《ことづ》けをもって彼のスナックバーを訪ねる事になった。この頃、彼が役者を目指していた関係者であろう、怖面《こわもて》な連中に囲まれて、学生の私などはまるで子供扱い。そんな老成《ませ》切ったヤマであったが、この再会が最後となる。

当時、農地開放や開拓によって拡大してきた彼の実家の土地は、都市開発による土地ブームで高騰、大金持ちになる。その成金振りは、再会の折にスナックバーのオーナーとか、スポーツカーで見せ付けられる。そんな彼は金銭トラブルの末に「撃てるものなら、撃ってみろ!!」、と犯人を怒号する小母《おば》さん、その目の前で射殺された、と母から聞かされる。享年二十六歳。

テツ（徹）の事《こと》。

彼の場合は未来を見据えてのことであろう……歯科部の新設が予定されている私立大学の付属中学に入学。そのまま同高校・大学（歯科部）・大学院と進み、三十代半ばには地元で歯科クリニックを開業。

イイ君（勇）の事件《こと》。

小学五年生の夏からは八事の少年野球クラブに入部。小学六年生では愛知県陸上競技大会の小学生の部で、百メートル競走と走り幅跳びの二冠を県新記録で達成する。

中学校は、高校野球の名門校、その付属中学に推薦《すいせん》入学。ところが、二カ月後には野球部の上級生に対する暴行事件で退学処分。戻った地元の中学校では、一年生から野球部のエースピッチャー兼四番打者として活躍。その一方、既に中学二年生で同校の番長としてもその名を鳴《な》らす。高校進学では、中学時とは別の高校野球の名門校にスカウトされるが数カ月後には、ここでも暴行事件を起こして退学となる。

私は、勇が地元の中学に戻った時から、彼を敢えて避け続けてきた。その為に再会する事もなかったが、彼は高校退学直後には地元を去り、暴力団の組員（ヤクザ）になったと聞く。その後、ヤクザから足を洗い地元に戻った直後、交通事故で死亡した、と母から聞かされる。享年三十歳。

チュウ（忠）の事件《こと》。

六年生の成績はトップクラス。中学進学では偏差値一位の中・高一貫校を受験するも不合格

（我クラスからは私を含め四名が受験、四人とも不合格）。その代わりとなる偏差値一位の高校進学率を誇る公立中学（A中）に越境入学（我クラスからは、私を含め五人が入学）。高校進学では、名門の公立商業高校に入学するも二年生時には退学処分となる。

忠が通うA中は、名古屋の中心街《がい》にあり、A組からM組まで十三クラスもあるマンモス中学。その三年間を通じ平小の五人は、一度も同じクラスになる事はなく交流も無かったが、忠がぐれ始めたのは既に中学一年生の頃。彼はヤクザの親分の息子と噂《うわさ》される同級生と何時も一緒におり、私もそんな忠を敢えて避けて来た。こうして長年の間、何の音沙汰もないまま過ごしてきた。ところが、私が大学四年生の折、彼は麻薬中毒になり自宅の座敷牢《ざしきろう》で治療している、と噂に聞く。その後、何時の間にか地元からも姿を消し、そのまま消息不明。

平小五年・六年を通じて一クラス、その同級生同士の強い絆も多くの「越境入学」が事件となって、卒業後には薄いものとなる。その確執は、先ずは優等生組の四郎と孝を中心とした地元組と越境組との間に生まれる。特に四郎は中学受験に失敗して越境入学を望むが、公立中学の音楽教師となった姉の関係で地元組になったばかりに、その妬《ねた》みも強い。又、越境組に於いても、不正入学の批判に罪の意識を覚え、気まずさと同時に「何でお前までもが！」、という思いも生まれ、互いが敬遠する仲になる。それと言うのも、多くは合併直後で出遅《でおく》れた地元中学の進学率を理由に、親戚・知人が居ると言うだけで籍を借り、単に他の名古屋市内の中学に入学する様な、そんな隣りの正男とも敬遠する仲となる。彼は、公立の工業高校に入学卒業後は中堅の電気メーカに就職したと聞く。

ところで、突然の受験ブームに沸いた平小六年一クラス、その大学進学は五十六名中七人に止《とど》まる。尚、一流と言われる有名大学への進学は無し。

❐コッケ（言志）の学習（中学・高校編）

中学受験に失敗、A中に越境入学。

A中は、学区制の公立中学にもかかわらず同学年約七〇〇名程の五割強が、地元以外から通学する越境者で占められている。その高校進学では、共に偏差値一位の公立高校二高に一四〇名程を合格させるほどの、学区を越えた愛知県切っての高校進学校である。その為の教育は、業者による名古屋市統一テストの導入、テスト成績の校内発表（二五〇番まで貼り出し）、特別授業等、テスト成績の偏差値において徹底的に競争させる「偏差値教育」にある。こうした競争は、入学時に入試同様の学力テストと、その成績発表から始まる。

その学力テストでは、私は一〇八番。先の受験の失敗が応用二問の不要な計算ミスだけに、学力には自信があった分、この成績には大きなショックを受ける。だが、その躓《つまず》き以上に、ここは名古屋のど真ん中、バス通学の田舎者にとってあまりにも刺激的で誘惑が多過ぎる。私は間もなく映画（西部劇等の洋画）に嵌《は》まり、参考書代や交通費に託《かこつ》け、週二日のペースで映画館に通う。こうした事では、異性とか格好等に大きく関心が奪《うば》われ、予習・復習・宿題等、日頃からの勉強は怠《おこた》る様になる。又、ハイペースな授業だけに、予習なくては教室での質疑応答も儘《まま》ならず、次第に授業からは取り残されていく。こうして勉強しないことに大きな不安を覚え「明日からは勉強するぞ」、という思いは募《つの》るが、日々の誘惑には勝てず、その不安と思いを繰り返すことになる。やがて近づく期末テスト、その一週間前には切羽詰まる思いに突然！徹夜での丸暗記、「一夜漬《づ》け」の勉強を始める。教科書の出題箇所を予測しながら、その部分を丸暗記する「一夜漬《づ》け」は、結局三年間を通じて続ける事になる。それによる学順では、偏差値二〜三位の高校が対象となる二三〇番前後で推移。因みに、入学時の学力テスト一〇八番は、偏差値一位の高校が対象。

「一夜漬け」での丸暗記は中学・高校と、私の勉強パターンであり、その並の成績に於いては並の高校・大学へと進むことになる。因みに、A中では終始六人の越境組の友人に恵まれるが、其のうちの三名は一流高校から一流大学、そして一流企業へ。他の三名は並の高校から並の大学へ、その一名は家業を継ぎ、一名は大企業の子会社に就職、スポーツ推薦の一名は在学中に交通事故で死亡。

克人（カツト）の事件《こと》。

カツトの突然の死は、私にとっても学校生活を通じての最大の一大事であった。親同士も親密な関係にあったA中の友人達、特に隣町で畳工場を営む克人の鈴木家とは、彼の兄の結婚を母が世話する、そうした家族ぐるみの付合い。まして、私などは小母《おば》さんの極上の豚カツを楽しみに、兄《あに》さんからはオシャレな洋服を借りる程、本当に親しくさせて貰っていた。

克人とは中学二年・三年と同クラスだが、彼は公立のサッカーの強豪高校に進学、偶然に入部したにもかかわらず、二年生にはゴールキーパーとしてレギュラーを獲得。そのまま推薦入学の大学でも一年生からレギュラーとして活躍。ところが、二年生の冬休み、練習を終え帰宅途中の夜の八時頃、駅から歩いて国道を渡る正にその時、彼は乗用車に跳ね飛ばされて即死。

その訃報を、早朝にスキー場から捻挫して帰り、二段ベッドに足を吊るして寝ていた昼過ぎ、突然の母の大声で知る、それから如何《どう》したのか――早く仲間に知らせなければと、誰の所に行って如何していたか――病院から帰ったばかりのカットの亡骸、その胸から腹にかけ糸で縫われた無数の傷にハッ！　となって我に返り、そして……。

その日から、私はそのまま一カ月程、克人の家に止《とど》まり、彼の位牌に小母《おば》さんと「般若心《はんにゃしん》経《ぎょう》」を毎日三回唱え続けた。小父《おじ》さんとは、東京の警察庁まで「ひき逃げ犯」の捜索依頼に……というのもこの事件は、車のスピードとゴールキーパーの反射力が合わさり、高く飛ばされた彼は電柱に体当たりして即死。しかし、車はスピードのままに破損がなく、服に付着していた塗料から車種は判明したものの、少しの物証では捜索は難航、結局は迷宮入りとなる。しかし、何故わざわざ東京の警察庁までお願いに行ったのか？　今となっては捜査の管轄の問題に疑問が残る。又、仲間達とは、事故現場の交差点に寄付を集めて外灯を建てカットの冥福《めいふく》を祈る。それまで捻挫のことは忘れていたが、気付いた時には包帯もなく痛みもなくなっていた。

こうした車社会での交通戦争では、その後社会人になってからも高校・大学の二人の友人を失うことになる。

❐コッケ（言志）の学習（大学編）

中・高と並の成績にあって私は、此《こ》れと言える目標もないまま、取り敢えずの大学進学となる。

この進学では「勉強しなければ！」、という不安やプレッシャーからは解放され、その分「遊び」に「軟派」に「ギャンブル（パチンコ・麻雀）」、その金欲しさの「アルバイト」に励《はげ》むことになる。またたく間に四年生。気付けば、習得した単位は代返が利く授業ばかりで、卒業単位の半分程に。最早、就活どころか留年を覚悟する始末。だが、流石《さすが》の私も、それでは親に申し訳が立たない、と単に卒業する事だけを目指し奮闘する事にした。

単位習得には、出席日数及びテストと論文の「可」以上が必要となる。その出席では朝から夕方まで一年生に交ざって、一般教養（第二外国語の仏語等）の授業も受ける事になる。又、夏冬の休暇期間には、補習授業や体育の実技等にも出席する。こうして、出席日数では一年間をフルに使い、卒業まで漕ぎ着ける。「可（六十点）」以上が必要な一般教養の英語・仏語・数学等のテストでは、予めテキストの出題の箇所や要点及び趣旨等は、事前の授業で教えられる。又、辞書や資料等の持ち込みも許可される。テストで「不可」の場合は、より簡単な問題の追試で「可」となる。又、専門分野での提出論文では、参考資料からの丸写しとなる。調査の実習ではその結果を提出するだけで、誰も「不可」とはならない。こうして私は卒業する事が出来た。

――そうだとしても、中学・高校・大学と、その本業たる「学業」に対する私の情けない姿勢は、非難されて当然であろう。それに、丸暗記での「一夜漬け」が、「学力」とは全く掛け離れた問題であることも承知の助……それだけに学歴への拘《こだわ》りとは裏腹に学校教育には無関心でいた。こうして十五年後。

「何を勉強して来たことやら！　近頃の大学生は……」、大卒とは名ばかり、と批判した私だが、己の学生生活を振り返り己に呆《あき》れるばかり！

こうした無様《ぶざま》さに、「学力」を語る資格など無い……というよりは「学力低下」は「偏差値教育」での落ちこぼれ、勉強しない子・出来ない子の問題であると、ずーっと思ってきた。しかし、暗記力に重点を置く「詰め込み教育」、その「学習の在り方」自体が「学力低下」の原因である事を「平成の教育改革」で知る処《ところ》となる。

さて、学業での反省は此処までとして、大学生活全般を通じて、学んだ！　と思えることは何であっただろうか……。

当時は、革命を思う学生運動が盛んであり私も、マルクス・レーニン主義や毛沢東《もうたくとう》思想の多少を齧《かじ》り、その多少の理論で激しく議論をしたもんだ！　又、宗教の勧誘には宗教そのものを否定罵倒してきた。此れらのことは、社会のあるべき様子に触れ、世界（世間）に関心を持ち、同時に社会との繋《つな》がりを意識する切っ掛けとなる（個人的関心から社会的関心へ――）。

アルバイトでは住み込みで、大阪の伯父さんの広告代理店で働き、飛び込み営業を仕込まれる。又、地下鉄の灰皿や塵箱《ごみばこ》の清掃等、格好がつかない仕事では修練にも当てられる。此処では、広告掲載用の塵箱や灰皿を駅のホームに提供する形式の公共広告を知る。それに、如何に目に付くようにするか？　電車の吊り革広告に、そのアイデアを考える（因みに、卒業論文は「広告効果測定の一考察」）。序《つい》でに、高校生の従兄弟《いとこ》の期末テストを手伝う。テストの山を当てながらの徹夜の付き合いに、彼の成績も上がり、バイト料も弾む。

大学では、テストの問題そのものに、論文のテーマそのものに学ぶ。それに講義・調査・研究・論文等、中学・高校とは異なる「学び方」に於いて、物事《ものごと》を幾《いく》つかの仮定の上に、一定の目的・方法において系統的に考えようとする。詰まり、科学的な考え方を学ぶ（因みに、大学での専攻学部は「社会学科」）。

さて、年明けには卒業の見込みも立ち、ようやく不利な就職を考える。その第一は手に職を付けること。第二は時代の先見に於いて、コンピュータに着目。こうして、コンピュータのソフトウェアを東京の専門学校で一年間学ぶ事になる。それにしても大学留年と引き替えでのこの入学に親には感謝、感謝しかない。

一期生として専門学校では、経歴も年齢もバラバラな仲間と共に勉強する。そして、年明けには中途採用として、小型コンピュータの販売会社に入社。専門学校は夜間に切り替え卒業。

就職して二年後、先見性のお陰で、専門学校の仲間五人と情報処理会社を設立。その我社の主業務が金融機関向けのソフト開発の為、そのままバブル経済の波に乗り急成長を遂げる。そして、創業から十八年後には株式市場に上場。しかし、バブル経済の破綻に向《む》かってこれまで増大し続けてきた主業務のソフト開発の受注が減少に転じ、その年に大量採用した新卒の殆どを新規事業のゲームソフトやＩＴに向けるも採算には間に合わぬまま、銀行からの融資も止まって暫く、資金繰《ぐ》りによる不祥事も重なり、創業から二十五年余りで倒産に追い込まれる。

九、教育改革

A中学のトップを走り続ける隣りのクラスの山本一生は、『コンサイス英和辞典』(三省堂発行)を全て暗記した、と聞く。そして覚えたページは忘れない様に一枚毎《ごと》千切って食べた、とも聞く。彼は「暗記力」では伝説の男、勿論《もちろん》現役で東大へ入学——そう聞いている。

ところで、頭が良いとされ、論理的思考力が問われる数学、その応用問題を得意としてきた私だが、中学生の頃から、入学試験やその為の学校のテストの成績は、「暗記力」と思い始める。特に、英語はともかく一般的には使われず教科書から離れた社会人の多くが失う「古文」や「漢文」は、入試の為の科目であり「暗記力」が全てである。数学の応用問題に於いても、入学試験では思考する時間〈ゆとり〉など、許されるはずもなく、早く正解するには問題の多くのパターンを「覚える」ことになる。如何に多くの問題を覚えるか、その量(詰め込み学習)が、受験戦争勝敗の鍵となる——ずーっと、そう思っていた。

しかし、「ゆとり教育(日本の教育改革)」ではこうした入試の為の「詰め込み学習」が、「勉強嫌い」の原因となり「学習離れ」を加速させ、非行や引きこもり等に走らせる事。同時に、その学習の在《あ》り方(詰め込み)が理解力・応用力としてある「学力」、その低下の原因である事も指摘されている。こうした「学校教育」の反省に立って、「ゆとり教育」では、そうした「学び方」の改革に着手する事になる。

小学五年生の学習から……。

五年生までの教科書、その言葉や漢字等（国語）・数字や計算式等（算数）・自然現象や生理現象、衛生等（理科）・一般社会や人文地理（社会）では、一般的な社会生活に必要な「知」の殆どを学び、社会人であれば誰もが日常的にその「知」を理解・応用して生活している。しかし、教科書を学んだ時の成績が、社会人となってその「知」を利用する場合に影響すると思われないのは何故だろうか……「専門知識」、その実際の現場では高等数学でも必要性に於いて誰もが利用されるが、その緊急性がない学校教育では、教科書の内容を取敢《とりあ》えずは「覚える」ことから始める。例えば、誰にでも馴染深《なじみふか》い「タンポポ」に関して、一年生の教科書では「春に咲く」ことを覚え、五年生では「キク科の多年草」であることを覚える。

こうした「覚える」ことでは、私の小学二年生当時、ゲームに勝ちたいばかりに暗記した偉人カルタの「ふ」・「フォードは自動車の王、システム王」が思い出される。しかし、この「システム王」の意味を「自動車の生産性を、パーツ毎《ごと》に分かれて組み立てる流れ作業で飛躍的に高めた人」、と理解したのは実際の仕事からである。コンピュータのソフトウェアを学び、実際の会計処理システムをプログラミングした折、会計処理の効率化にその「システム」を学んだからだ。

さて、学校教育での「理解力・応用力（学力）」は、学問の内容を覚え易いものから学年毎に系統的にふまえた教科書の「知識」を、前段階の「知識」との関連で「覚える」。詰まり、前以《まえもっ》ての「知識」があるからこそ、次に覚える「知識」が理解出来、その応用が利く。即ち「系統的に覚える（系統学習）」ことで、「学力向上」が図《はか》られる。

ところが、「理解力・応用力の育成」に関しては、教科書からの「系統学習」か？　それとも子供の身近な生活経験から生まれる問題意識を重視、子供自身にその問題を解決させようとする「問題解決学習」か？　は、議論が分かれたまま永久のテーマとなっている。

社会問題等、広く社会の現状・情勢に対する問題意識からなる「問題解決学習」は、解決の為の「知」を探し選び、同時に理論的思考・コミュニケーションの手段を選択、それらを利用することで問題の解決を図る。一方の「系統学習」は教科書からの「知識」で学習する、という客体的な学習となるが、「問題意識」からなる「問題解決学習」は自《みず》ら調べる等、研究する態度にあって、主体的な学習となり「確かなる知」を獲得する事が出来る。只、子供の育成段階では文字を習わせる、そうした「学習」に於いて教科書には学年毎に習うべき「知」が系統的に収められており、その「知」を段階的に覚える事では「学力」としてある「確かなる知」を獲得することになる。

ところが、この「学力」の理解力・応用力は、教科書だけの世界であって、職業等での「専門知識」と同様なものと言われており、段階的に閉じ込められた教科書での「知識」の理解力・応用力に止《とど》まり、広く「自分自身のいる世界」の現状・情勢に関する問題の「理解力」、及びその問題の解決を図《はか》る「応用力」には及《およ》ばない、と言われている……こうした子供の従来からの「学力」が、いま学校教育で問われているのは何故であろうか？

そもそも、地球はいま危機に瀕《ひん》しており、その問題の解決の為には地球規模での対策（問題解決学習）が急がれ、学校教育と言えども、その例外にない。こうした切羽詰まった状況の中で、大人同様の問題解決学習を子供に託す為に、一九八九年十一月二十日国連総会は「子どもの権利条約」を採択、その条約を各国の主権者が確認する手続きに入る。それに、日本の大学は「系統学習」からの入試問題にあるが、欧米等の大学入試の多くは、例えば「完全な平等は在り得るか？」、広く社会問題の「平等」をテーマに出題、論文形式（問題解決学習）でなされている。

こうして、「ゆとり教育」では、「広く自分自身がいる世界」を対象（問題）にした体験学習・テーマ学習・ボランティア活動に於いて、「問題解決学習」が取り入れられる（「学び方」・「学ぶ対象」の改革となる「ゆとり教育」）。

日本の教育改革

日本における戦後教育の改革は、中曽根内閣の諮問機関である臨時教育審議会（一九八四年～一九八七年）に於いて、①戦後教育の総決算として、②後々の教育改革の基本戦略として、③学校と社会の融合による「生涯学習体系への移行（学社融合政策）」をスローガンとして、次に示す学習目標を揚げる。

時代は正《まさ》にバブル経済期。この時代では物やサービス、という経済優先主義を改め、自己の心を豊かにする学習に重点を置く。同時に、「教育目的」の「私的個人の自由の発展及び世界の民主主義の発展」に対して、「多様な世界の中での日本人として、自由で個性的な日本人を目指す」を「学習目標」とする。

これを受け、一九八九年、文部科学省はその学習目標の「目指す」に対して「自由で個性的な子供の育成」を「学校教育目標」に掲げ、同時に学習指導要領を改訂。入試の為のより多くを覚えさせる「詰め込み教育」の反省に立って、一九九二年から実施すべき改革の具体的な方向、「ゆとり教育」が示される。

「ゆとり教育」では「教科書の内容三割削減」及び「学校五日制」の導入。又、「学ぶ対象」の変革では、教科書の内容だけでなく、学社融合政策における体験学習・テーマ学習・ボランティア活動等を通じ「自分自身がいる世界」を「質問する・調べる・データを集める・議論する・発表する・批評する・評価する」等の方法で教育科目全般を通して全体的に科学的・実証的に学ぶ「総合的学習」に重点を置く。

「総合的学習」の具体例としては、実際の豚《ぶた》の飼育から、処分に至るまでを通じて「命の大切さ」を学ぶ。この授業は大きな話題となるが、その新しい学習の分、教科書による授業時間を減らす為に教育内容三割を削減。さらにはテストによる学力評価から、「総合的学習」に於ける「関心・意欲・態度」を重視した観点別評価に基づく「新しい学力観」を導入する。

折しも、バブル経済の崩壊。時代は、既存のシステムや制度を機能不全に陥らせ、先の見えない現状に、日本中が自信喪失状態になる。同時に「教育問題」は、「何の為に学ぶのか」、あるいは「何を学ばせればよいか」、という疑問を増大させながら、その深刻の度合いを深めていく。

そんな最中《さなか》、文部科学省は「教育問題」の対応では、例えば少年犯罪・ひきこもり・いじめ等に対しては、スクールカウンセラーの配置。同時に、現行の教育基本法の改正すべき点として、「伝統文化の尊重・郷土や国を愛する心」、「社会の形成に主体的に参画する『公共』の精神」等、道徳的・心理主義的な教育方針を打ち出す。又、「学力低下」を更に進めるものとされる教科書の内容三割削減に対しては「進んだ子」にはそれを超えて学ぶことを奨励。同時に、「何の為に学ぶのか」に於いては、「新しい時代を切り拓く心豊かでたくましい日本人を目指す」を「学習目標」に、その「心豊かでたくましい子供の育成」を「学校教育目標」にかかげ、前記の体験学習等の「総合的学習」を目玉とした学習指導要領を報告。こうして、「ゆとり教育」は二〇〇二年度から実施される。

各学校では、文部科学省の「教育目標」の具現化に対応、例えば「自他ともに大切にし、活力ある子供の育成」、「自ら学び自ら考える子供の育成」、「問題解決能力の育成」等、より具体的な教育目標を掲げ、テーマ学習・体験学習に於いては、教師が「総合的学習」をプロデュースすることになる。

日本の教育改革に学ぶ

バブル経済の崩壊後、時代が経済の再生を目指し「構造改革」を叫ぶ小泉総理を選んだ頃、私は倒産の混乱や憂目《うきめ》からようやく落ち着きを取り戻していた。その矢先、総理の「米百俵」の例え話から「教育から出直そう……」、という所信表明に教育の重大さを感じた者は私だけではあるまい。

折しも、私はS小学校の校長先生から「教科書を理解させる道具としてITの活用」及び「情報活用能力を育てる為のITの活用」等、これらの教育に対する相談を受けていたが、逆に「ゆとり教育」に日本の教育改革を学ぶ事になる。

当時、小学校では、学習指導要領の一部改正として、「個に応じた指導の一層の充実」が新たに指摘され、指導力を磨くための校内研修の在り方や、教師一人一人の「授業づくり」など、学校や教師の力量が具体的に問われる教育改革に校長先生も悩んでいた。こうした相談の最中、私が最初に違和感を覚えたのは、当校の教育目標「自他共に大切にし、活力ある子供の育成」にあった。何故なら「自他共に大切にする」ことはパワハラ等、基本的人権に関する大人の問題でもある事から逆に、親切で元気な子が何時からか、如何にしてか？　意地悪で陰気な子になってしまう実情に於いて、「意地悪な子を親切な子供にする」、そうした子供の「更生」の問題に「自他共に大切にする子供の育成」という「教育目標」が宛《あ》てがわれているのではなかろうか。それに「活力ある子供の育成」に関して言えば、子供は元々活力そのものの筈《はず》、こうした「活力」を如何様に育成する、というのであろうか……そうではなく、今日の学校を取り巻く厳しい環境に、子供達が無くした活力を取り戻す、ということであれば「育成」という問題ではなく、「再生」の問題となろう。

一般的に「教育」では……「知恵をつけさせ善良ならしめる」、即ち「人格の完成」が「目的」となる。これを受け「学校教育」では「知恵をつけ善良ならしむ子供の育成」を「教育目標」とする。

この様に「教育」では、「知恵をつけさせる」と「善良ならしめる」の二つが目的となる。しかし、日本経済の再生を願う私としては、「授業の理解」や「学力向上」を念頭に「知恵をつけさせ」を教育改革の最優先課題と考えており、少年犯罪・暴力・いじめ、不登校・引きこもり・自殺等の子供の躾に関わる問題（躾問題）は、寧《むし》ろ「家庭及び社会の問題」と考え、そうした「善良ならしめる」の「教育目的」には無頓着でいた。

因みに、「善良ならしむ」＝「人格の完成」に対し「知恵をつけ」の「知恵をつける」とは、「コミュニケーション能力・論理的思考力、技能・運動能力、感性・情緒等の人間能力の育成」＝「人間性の開発」を意味する。尚、こうした二つの目的に対しては、旧来から何方《どちら》を「教育目的」にするか？ 広く問われ論争されてきた。しかし、「人間は動物性から人間性、そして人格性に成長していく」、という理解に基づき「教育目的」は「人格の完成」として一般化する。

こうした教育観からは、学校で学ぶ子供の様々《さまざま》な教育目的に非《あら》ざる問題を「教育問題」として扱い、その対応には警察等の第三者はなるべく避け、「学力問題」では補習授業等、「躾問題」ではそうした子供の声を聴き、代弁するスクールカウンセラーの配置等が求められる。尚、より積極的には……教師は問題を抱えた児童・生徒の声を聴き、代弁することで学ぶ、そうした従来は障害児童教育などで取り組まれてきたカウンセリング等での子供の声から学び、彼や彼女達に対する教育を学習（研究）しながら進める。そうした教育実践が望まれる。

この様に教師も学習者（教育研究者）として子供から学びながら進める教育実践は、一定の知識を平等に与える機会均等の「一斉授業」から「個人の能力に応じた教育」へ、斯《か》くして「学習者」（教育研究者）としての教育実践では、教師は子供から学ぶことから始まり、子供が

「自《みずか》ら学び自《みずか》ら考える」、そうした子供の自己学習・参画型学習に重点を置き、そこでの「問題解決学習」に於ける「自己決定学習」を支援・補佐する。

次に、「教育問題」の最大の問題が、「競争による教育（偏差値教育）」、その「知識の詰め込み」を要因とする「勉強嫌いからなる学習離れ」である事が指摘されている。そうした「競争による教育」の反省に立てば、子供の参画型学習に於いて、議論する・発表する・批評する・評価する等、教師（教育実践者）と子供（学習者）、子供同士が「一緒に学び一緒に考える」、そうした教育実践者が学習者と共にある「共同（協力）の教育」が必至となろう。

しかし、教科書による一教室五十〜六十名を対象にした「一斉教育」等、与えられた枠組みの中の学習活動と教育実践上の困難を克服する為には、学習者同士（子供の教育では子供同士）教育実践者同士の協同（子供の教育では親同士、地域住民同士の協同を含む）・学習者と教育実践者の協同、そうした人達の「協同による教育」を意識的・組織的に追求し、組織化していく事で国家や地方の組織的・制度的枠組みをも改革していくことが肝要であろう。

ところで、自由主義・個人主義での競争社会では、「競争による教育」は当然のことであり、その教育の責任が親にある事は分かっていても、子供の教育の責任が地域住民にまで及ぶとは考えてもいなかった……しかし、ヒト（子供）が人（大人）となる為の教育、あるいは人間という種の持続、即ち文明・文化社会の持続の為（後世をたくす為）の教育を思えば、子供の教育は家庭・学校及び地域のそれぞれが責任を持って、連携して行わなければならないとの認識に立ち、「生涯学習体系の移行」にあっては、全ての市民がそうした教育に参加することが望まれる。

又、戦後のアメリカによる教育改革同様に、「平成の教育改革」も国民一人一人が「言論の自由」として批判や批評は出来ても、結局は国家から与えられるものと思っていた。しかし、民主主義社会では「協同による教育」を追求し組織化していく、そうした人達による教育改革が肝要となろう……。

一方、「教育」の「教育内容→教師→子供」、という一方向の関係にある「教育目的」=「善良ならしめる（人格の完成）」では、その「教えられる内容」の「人格（善良）」が思想や宗教等、あるいは時代事情によって変わることが「教育目的の矛盾」としてある。こうした矛盾を、我々日本人は戦後の教育改革で経験してきている。一方、「学社融合政策」による「生涯学習体系の移行」をスローガンにした「平成の教育改革」では、その「学習目標」を、高度経済成長期（バブル経済）での「多様な世界の中の日本人として、自由で個性的な日本人」から、バブル経済崩壊後には「新しい時代を切り拓く心豊かでたくましい日本人」に、目指す「人格」を時代事情によって変えてきている。こうした「学習目標」を変える事は「学習目標の矛盾」とならないのか？ ……「学習目標」=「善良ならしむ（人格の完成）」では、自《みずか》ら目指す「人格」の為の「学習」は、社会問題等の時代事情に対する「問題意識」に基づいた「問題解決学習」となる。この「問題意識」は、都度変わる時代事情によって変わる為、必然的にその目指す具体的な「人格」が変わることに何等《なんら》問題はない。

折しも、バブル経済の崩壊に先の見えない「日本」、そして「世界」では、環境問題、人口・食糧・エネルギー問題、人権・貧困問題、国際地域紛争と民族・宗教対立それらに関わる南北格差問題等、「地球規模の問題群」を抱えており、放っておくと地球と人類が危機に陥《おちい》り、滅亡しかねない問題としてある。これらのグローバルな問題には地域住民一人一人の協力と参画に、ローカルな対応での「問題解決」が求められる。

こうした最中、「日本の教育改革」では、「教育機関・組織と教育実践者が国民一人一人の生涯にわたる『問題解決学習』を援助・支援し組織化する」、そうした「生涯学習体系の移行」に於いて、「新しい時代を切り拓く心豊かでたくましい日本人」、を国民一人一人の「学習目標」に掲《かか》げる。尚、従来の「生涯学習」は、「教育目的」=「人格の完成」に於いて、各人の自発的な意志に基づき「国民一人一人が生涯にわたって充実した人生を送る」、その為に国が奨《しょう》励《れい》する教育。

同時に、文部科学省では、この「学習目標」に対し「心豊かでたくましい子供の育成」を「学校教育目標」に掲《かか》げる。これを受けＳ小学校では、「心豊か」では「自他共に大切にし」、「たくましい」では「活力ある」と、より具体化した「教育目標」=「自他共に大切にし活力ある子供の育成」を掲げる。

――だが、そうなったとしても「自他共に大切にする」、その基本的人権を重んじる豊かな心は世界平和にも関わる問題であり、子供ばかりでなく教師にも共通する「テーマ」でもある。それに、「教育」にとっても厳しい環境下、活力を失うのは教師も同じではなかろうか。こうした意味では、子供も教師も教職員も、あるいは親達も近所の人々も、地域住民全員の「テーマ」となり、「自他共に大切にし活力ある地元住民を目指す」が、地域住民一人一人の「学習目標」となるのではなかろうか。詰まり、「生涯学習体系」で掲げる国民一人一人の「学習目標」の具体化として、S小学校では体験学習・テーマ学習・ボランティア活動を通じた「総合的学習」の導入により、地域住民と共有する「学習目標」が掲げられる。詰まり、「ゆとり教育」では「人間性の開発（育成）」を図《はか》る「教育目標」と、「人格の完成」を目指す「学習目標」とは区別して考えるべき問題となろう。

さて、前述の「命の大切さ」を学ぶ学習では、「命を大切にする人を目指す」を「学習目標」に、この授業では、教師は子供達と一緒に豚・養豚の色々《いろいろ》を学びながら子供達の学びを支援・補佐。こうして一年間愛情を注いで育てた豚を学校を卒業する際に如何するか？……子供達は教師と共に「養豚の現状」を学び、その「飼育の目的」や「今後の世話」等、色々考え議論した結果、養豚業者に引き渡す事を決める。こうした「問題解決学習」を通じて子供達は、「命の大切さ」を理解する。同時に、そうした「授業」での子供達の調査活動や資料発表等の内容が「教育科目全般」に及ぶことでは、例えば、教師はそうした子供の「作文」に対して「漢字や言葉使い等の誤りを指摘する」、という具合に子供達の学習を教育科目全般を通して支援・補佐する事で、「学力の育成」が図られる。更に「総合的学習」では「調べる方法」とか、「質問の仕方」とか、そうした「問題解決の為の学習」を学びながら指導する事で、「問題解決能力の育成」を図る事が出来る。こうしてS小学校では、「自《みず》ら学び自《みず》ら考える子供の育成」及び「問題解決能力の育成」を「教育目標」に掲げる（教育目標＝「知をつける子供の育成」に関して）。

尚、「ゆとり教育」の道徳的・心理主義的な教育方針となる「公共精神の育成」・「郷土や国家を愛する心の育成」では、そうした「心の育成」を「教育目標」＝「善良ならしめる」、とするのではなく、「公共精神の大切さ」、「国家を愛する大切さ」を学ぶ為の「総合的学習」として、「公共の精神を持ち、郷土や国家を愛する人を目指す」を「学習目標」に、子供と教師が一緒に学び一緒に考え理解・納得することが肝要であろう。こうした「大切さ」の理解・納得は「思考力の育成の問題」であるが、「愛する」という「感情の問題」を道徳的・心理主義的に説得（教育）する事では、「心の育成」には繋がらないであろう。それに「心を育てる」ということは「心を豊《ゆた》かにする」という事であり、「愛を育てる」ということは「愛情を注《そそ》ぐ」という事であるが、そうした「愛する心」も、事ある毎に失《う》せる。又、こうした説得による教育では、反発あるいは洗脳に繋がり、私的個人の自由の発展及び民主主義社会の発展には繋がらない。

以上の「共同による教育」では、子供は「自己教育」により「自己の成長」を促《うなが》す。一方、教師は子供の「関心・意欲」、あるいは「問題意識」を高める観点から学び、生徒自身が「自ら学び自ら考える授業づくり」に「学習プロデューサー」としての役割を担う。同時に、「子供がどの様に発達し、そうなった教師の働きかけが何《なん》であったか」、その結果を発表する事で、教育研究者としての役割を担う。

ところで、教科書から離れ教師も知らない事を子供と一緒に学ぶ「総合的学習」にある様な「共同による教育」では、子供・教師双方に「学習権」が成立する。この子供の「学習権」に関しては、環境教育に於いて「地域を流れる川を調査し、地域の環境計画に提言する」、という子供の「問題解決学習」の例にもある様に、大人と同等の「学ぶ対象」・「学び方」は、「学習目標」=「人格の完成」に於《お》いては大人と同様の「人格」として、大人と同等の権利を有する。

尚、子供の「教育権」は「人間らしく生きる」、そうした「能力の開発の為」に、あるいは「プロ野球の選手を目指す」、という様に「個人の自由の発展の為」に教育を受ける権利、即ち「教育目的」=「人格の完成」としてある。しかし、「学ぶ対象」・「学び方」の変革にあっては

「学校教育」も「教育権」から「学習権」に移行する事になる。

次に、「教科書の内容三割削減」の「ゆとり教育」を「問う」。

教科書に関し、文部科学省では生徒が年間で習得すべき「知識」を段階的に学年毎に定めている。「教科書の内容三割削減」は、その「知識」の削減を意味する為、更に「学力低下」を推《お》し進める事が懸念される。これに対して文部科学省は、二〇〇二年一月に「学びのすすめ」を発表……「進んだ子」はそれを超えて更に学ぶ事を奨励。ここから学校教育改革の迷走が始まる。

問題なのは、教科書での「系統学習」では、例えば「小数・負数」の五年生から「乗数・無理数」の六年生へと、五年生で「進んだ子」は途中から六年生の教科書を学ぶ事になるが、その中途進級に対しての個別対応は、現行の教育現場では出来ない。只、子供間の「格差」をさらに拡大させ「学習離れ」を加速させる事が指摘されているが、これまでも「進んだ子」は学校教育を超え進学塾で学んでおり、今更問題にする事もなかろう。但し、「総合的学習」では、そのテーマ（問題）に対して「進んだ子」も「そうでない子」も質問する、調べる等の方法による「学び方」に於いて、一緒に学ぶ「共同の教育」が出来ている。この様な「学習権」による「学び方」は教科目の授業に於いても必要ではなかろうか。

コッケ（言志）の五年生の国語の学習から……其《そ》の教科書は、日本語の文字である「漢字のなりたち」の「章」から始まり、「国語の文法」から国語の特質となる「送り仮名」や「敬語」の「章」に至るまで、具体的な一連の「知」で体系づけられ「国語全体」としてある。こうした教科書の内容三割削減が意味することとは……後の「章」の「現代かなづかいのきまり」等を削減することでは、国語全体を体系的に把握する事にはならない。詰まり、「国語とは何か？」を科学的・実証的な「学問」として修める事にはならず、コミュニケーション能力・論理的思考能力等の育成には繋がらない。しかし、通常の小学五年生の授業では、言語の構成及び語句の運用上の法則（学問）からなる「文のきまり」・「言葉のきまり」に於いて、その「規則（きまり）」のいちいちを覚えることに重点が置かれる。こうした「文法の知識」を系統的に「覚える」ことでは、五年生の教科書の内容の一部を削減して六年生に回しても何等の支障もなかろう。何故なら、そうした「規則」を知らなくても「文章」は一般に習って書けるからである。こうした「教科書の内容三割削減」が、「詰め込み教育」の反省から単にそうした「知識の量」を減らす事、あるいは「教える時間の減少」にあるとすれば、「学問」である「文法」を、「文のきまり」・「言葉のきまり」として、そのいちいちを教える必要もなかろう。

❐「教科目での授業づくり」及び「教科書の内容」に関する一考察

コッケ（言志）の五年生の国語の学習から……其の授業では、「考えや気持ち等、何故？

文にすると伝わるのか」そして「どの様に言葉を組み立て綴り合わせれば文になるのか」、こうした「文法の本質」を問い掛けながら、先生の今の気持ちを例文に、教科書の「文のきまり」・「言葉のきまり」の具体的な「知識」を以て「文法」を解説していく。詰まり、大学の授業全般同様に「講義方式」で行われている。日頃より「漢字」から「敬語」に至るまで馴染《なじ》んでいる国語のこと、その「文法の講義」は五年生には無理な授業であっただろうか。

次の「国語とはどの様な言語なのか？」、こうした普段から全体的に使っている国語を問う「国語を調べる」の授業では、国語全体として系統付けられた教科書の各「章」毎《ごと》の解説に基《もと》づき、子供自身がそうした「知識」を一般から、誰かに聞くもよし、辞書や図書館で調べるもよし、色々《いろいろ》集めて発表、その質疑応答では先生も参加、意見する・批評する・評価する等、子供と一緒に学びながら授業が進められる。又、「国語」の「読む」の授業では、「①朗読」→「②子供から先生への質問」→「③先生から生徒への質問」→「④文の感想」→「⑤感想に対する意見や批評等」、という時間割で授業を進める。そして、「国語」の「書く」の授業では、子供自身の自由なテーマで自身の思いや考えを表現（作文）させる。こうした「読み書き」の授業は、「文字」を覚える事で単に「読み書き」が出来る、という事ではなく、「読解力《どっかいりょく》」・「表現力」に磨《みが》きをかける為の教育実践である……というのも「読み書き」の「読む」は「文の内容を理解すること」であり、「書く」は「自身の思いや考えを表現すること」である。その為に「読む」の授業では、繰り返しの「朗読」に続き、子供から先生へ、その内容に関する質問を先にさせる事で子供から「学び」、同時に子供を「学び」に導き、その質疑応答に於いて、文の内容を「吟味」させる（「自ら考え自ら学ぶ子供の育成」）。次に、先生から子供への質問では、例えば「太郎は何故、負け犬の様に、と言われたのか？」、そうした「文の内容」に関する質問を繰り返す事で「内容」を深く理解させ「文の感想」や「感想に対する意見や批評」の授業に繋ぐ。その授業では先生も批評する等、子供と一緒に学びながら意見等を通じてそうした子供の学習を支援・補佐する。こうした「学習」では、色々と「進んだ子」も「そうでない子」も、「それなり」に議論する・発表する・意見する・批評する等、子供の「自己学習」・「参画型学習」・「対話的学習」で一緒に学ぶ事が出来、互いから学ぶ事で「読解力」に磨《みが》きがかかる（「共同による教育」に於ける教育実践）。そして、その「書く」の授業……教師は自由に書く子供の表現（作文）を通じ、個々の「表現力」、あるいは「思い・考え」を掌握《しょうあく》する事で、個に応じた学習指導を行う事が出来る（「個に応じた教育」に於ける教育実践）。

この様に、文の内容に対する「理解」は、例えば「蜂の観察文」では蜂の生態（理科・生物）を学ぶ、という様に教科目全般に及ぶ。ところが、従来から一教科目としてある国語の授業では、「観察文」や「物語文」といった「文の種類」毎《ごと》の「読み方」・「書き方」の要点を教える事に止め、「学力」として課題の「読解力」・「表現力」は「試験」による成績順位の競争に任せるだけとなる。しかし、「競争による教育」の反省に立てば「教科目の授業」にも「共同による教育」が必要なのではなかろうか。又、教科目では、社会生活に必要な基本的な「知識」・「理解」・「態度」・「技能」を教科書を通じて教える。その教科書では、例えば「鳥取県の二十世紀梨の生産量全国一位」、という様なデータ（知識）の多くを体系的に取り上げる事に止《とど》め、そうなった理由（理解）や、その応用となる取り組み方（態度・技能）は「授業」で取り上げ、現状の諸課題に照らして学ぶことが肝要となろう。

❏それでは「教育とは何か」……「近現代の教育観」に関する一考察

「教育」を「私的個人の自由の発展の為」とする個人主義・自由主義の民主主義社会は、例えば「プロ野球選手を目指す」、そうした「職業選択の自由」、あるいは「言論の自由」・「表現の自由」等、「何々からの自由」な社会である。同時に、個人がプロ野球選手を目指す、こうした自由の発展の為に教育を受ける権利があり、そうした教育を受けて職業や地位等、そうした「何々を」自由に個人が追求出来る社会である。

　ところが、商品・貨幣市場や、その発展や矛盾に対応する為の社会制度を管理する官僚機構等、こうした人間が自ら造ったものによって苦しめられるが、如何《どう》することも出来なく、逆に嫌なものだと遠ざけてしまう、「自己疎外」。あるいはバブル経済の崩壊等では既存のシステムや制度を機能不全に陥《おちい》らせ、先の見えない現状に自信を失う、「自己喪失」。その日その日の「快楽を求める文化」。そうした問題が、二〇世紀はかつてない程に、深化した時代でもある。

　しかし、二十一世紀は「自己疎外」・「自己喪失」・「日々の快楽」を克服して「何々を」、自由に追求し獲得する為の「自己解放」が求められる。そのことは、自分は何の為に生きているのか、自分はどんな存在なのか、そうした「自分さがし」に「自己を受容し」・「自己を信頼し」・「自己を表現する」、そうした「自己実現」と、「他者を受容し」・「共感し」・「相互で交渉する」、そうした「相互承認」からなる「自己」、こうした「主体の形成」が求められる。詰まり、現状（社会）に問題意識を持って自ら働きかけ、その問題の解決を図る「自己」、そこに「近現代の人格の完成」という「教育目的」が宛《あ》てがわれる。このことは……人間は人間として「自己実現」しつつ即ち「自ら学び自ら考え」、「知恵をつけ」つつ人間として存在し、こうした「自己実現」の過程と、歴史的・社会的諸関係での対立や矛盾を乗り越え平等な人間関係を築《きず》く、こうした「善良ならしむ」関係となる「相互承認」の過程を意識的に編成する「授業づくり（教育実施）」、即ち「共同による教育」の追求に於いてある。

斯《か》くして、教育とは「近現代の人格が、その人間形成過程における自己疎外を克服しつつ、主体形成を遂げるために不可欠な学習を援助し、そうした学習を追求し組織化する実践」であるという定義（鈴木敏正『教育学をひらく』青木書店、二〇〇三年）に学ぶ。

十、学　習

「学習権宣言」

一九八五年ユネスコ（国際連合教育科学文化機関）の「学習権宣言」は「教育目的の矛盾」、あるいは記憶・説得教育から理解・納得教育へ、という様な「教育の反省」から、そして「教育の限界」として、実際の問題からは「開発を教えるのではなく、その未開発から学び、問題をかかえている人々と、その諸条件を生かす方法で解決する」、という「学び方」に於いて、「教育権」から「学習権」への移行を宣言する。同時に、条項（一）〜（三）に於いては「学び方」、条項（四）〜（六）に於いては「学ぶべき対象」が示される。

（一）読み書きの権利
（二）質問し吟味する権利
（三）構想し創造する権利
（四）自分自身の世界を読み取り歴史を綴る権利

（五）あらゆる教育的資源に接する権利
（六）個人的・集団的技能を発展させる権利

以上、六つの「学習権」は「人間の本質」であり「基本的人権」としてある。

「学習権宣言を綴る」

第一に、「人」は「思考」を巡《めぐ》らせ「イメージ」を膨《ふく》らませる無限の「間」を有する動物である、故に「人間」である。人々は思考・イメージを時空間で移動回転させながら、二足歩行で得た自由な手を駆使しながら（一）読み書きをする、（二）質問し吟味する、（三）構想し創造する。こうして人間は三つの「学習権」を有して、文明・文化を切り開き現代社会を築いてきた。

第二に、人は羽《は》を生やさず飛行機を造る事で空を飛ぶ、即ち文明・文化社会で人々は、仕事を分担（役割分担）することで生活の効率を図る為、役割と役割を繋げる仕組みの共同生活を営む。故に、「人」はそうした社会の「間」（人間関係）で生きる動物、即ち「人間」である。そうした人間社会で人々は、「役割分担」をより細分化させ、特化させながら創造を積み重ね現代社会を築いてきた。

現代社会にあって、創造主体である人々は、自己意識をもった発展的・歴史的存在として（四）自分自身の世界を読み取り歴史を綴る。ついては人間という「種の持続」の為、即ち「文明・文化社会の持続」の為、人々はいつでも・どこでも・生涯にわたって（五）あらゆる教育的資源に接し「知」を獲得し（六）個人的・集団的技能を発展させる。詰まり、この三つの「学習権」は、近現代社会にあっては、人間の本質としてである。

前者（第一）に於いて、「思考・イメージ」を如何に時空間で「移動回転」させるかが人間社会の秩序発展の鍵《かぎ》となる。逆に、その「移動回転」を妨げることは、人間社会の退化を意味する。詰まり、人々が如何に自由に「読み書きし、質問し吟味し創造するか」、そうする「自由」は人間社会の秩序・発展の本質である。故に、学習権にあって「自由」は基本的人権としてある。

後者（第二）では、自給自足に対し生活の効率を図る役割分担での共同生活、その人間関係にあっては「相互扶養」であり「相互依存」となる。こうした関係が不平等であれば敵対し、効率（建設）どころか破壊しかありえない。

「平等」は、「価《あたい》」を計る人間特有の意識と感覚、即ち「理性」としてあり、創造の「値《あたい》」としてある。同時に「平等」は、人間関係に於いては共に生きる為の「相互承認」、即ち「友愛」としてある。故に、「平等」・「友愛」は人間関係の本質、基本的人権としてある。

近現代社会にあって、自由・平等・友愛からなる基本的人権は、人々の日常生活を通じた人間関係にあって「民主主義」の根本をなす。同時に、「自己実現」と「相互承認」からなる「自己」、そうした「主体形成」での学習権に於いて「民主」は、一国の主権が人民にあることが示される。

「学習権宣言」を検証する

(一) 読み書きの権利

文明・文化の基礎となる「読み書き」は、文字・単語・文節・文のそれぞれの構成(作文)において、最も思考的・理論的なコミュニケーションの手段としてある。又、主体的・目的的・合理的な「読み書き」は、「学習権」にあっては文字を「覚え・知る」ことで単に読み書きが出来る、ということではない。その「読む」は、「相手の気持ちを読む」と言う様に「他者を理解する」ことであり、その「書く」は「自分の思い・考えている内容を表現する」ことである。この意味において、「読み書きの権利」は「コミュニケーションの権利」であり、同時に「言論の自由」としてある。

一方、「教育権」での「読み書き」は、殆《ほとん》どの子供が国の教育制度(義務教育等)において習《なら》う。この学校教育は「読み書き」普及の最大の功績としてある為、子供には教え・導き「知恵を付けさせ・善良生《な》らしめる」、こうした「教育目標」を絶対とする神話が出来上がる。こうした意味とは別に、今日の「教育権」での「読み書き」は、「人間性の開発（知恵をつける）」に於いて、「人間として生きる」為に教育を受ける権利としてある。しかし、「コミュニケーションの権利」・「言論の自由」としてある「学習権」での「読み書き」は、人間関係での対立や矛盾を乗り越え平等な関係を築《きず》く、こうした「相互承認」の関係を創造、「共に生きる」為に「学習目標」＝「人格の完成（善良ならしむ）」としてある。

（二）質問し吟味する権利

興味や疑問を持ち、その真理を知ろうとすることは人間の本質であり、その獲得に主体的・目的的・合理的な行為として、人間は、質問し吟味する。

こうした研究する態度、「何故か？」の「問い」こそ「自《みずか》ら学び」そして「知ることを学ぶ」ことであり、「学習権」にあっては、真理を理解する為の「知る権利」としてある。

科学の成果を教科書の知識として覚えるだけの「学び」、あるいはその「詰め込み」を「学力」としてきた学校教育において、如何《いか》に！　生徒に興味や疑問を持たせず、質問させず、吟味させず、その自由を奪《うば》い学習権を疎外してきたことか……学校教育の反省としてある。

（三）構想し創造する権利

人間は、あらかじめその目的を想像・構想（imagine）し、その為の手段を選択、それを利用して合理的に目的のものを創造し、当初描いた構想を実現しようとする。この構想し創造する行為は、主体的・目的的・合理的な行為として、人間が人間である為の基本的な特徴である。尚、英語の「imagine」には自由に想像する、夢や希望を心に描く、あるいは心の印象を文化的・芸術的に構想する（印象主義）等、「心のあり方・もち方」に関する心理的な人間の本質を表す意味も含まれる。同時に、自《みずか》ら置かれた環境に於いて構想し創造する権利には「成す事を学ぶ」、そうした「学習権」を有する。尚、多様な創造（多様性）の現代、そうする自由に「多様で個性的な能力の育成」が学校教育に求められる。

(四) 自分自身の世界を読み取り歴史を綴る権利

グローバル化・情報化の現在、人々は世界の出来事を一瞬で知ることが出来る。同時に、その出来事が自・他（世間）に与える影響等を新聞等で学習しながら、そうなった理由を理解、詰まり「自分自身の世界を読み取る」。そして、その取り組み方（態度）を決める。詰まり、問題の解決を図《はか》る、即ち「歴史を綴る」。この権利は、人々が文明・文化生活の追求者であり、「自由・平等・友愛」の基本的人権を有すること等、自己意識を持った歴史的存在として、その従うべき拠《よ》り所となる政治・経済・公共等への言及や訴え、あるいは国政等の選挙での一票において、歴史を綴る。正に、「人間して生きることを学ぶ」為には欠かすことの出来ない学習となる。

「ゆとり教育」では、こうした学習は学社融合政策に於ける体験学習・テーマ学習・ボランティア活動での「総合的学習」で示される。

(五) あらゆる教育的資源に接する権利

人間という「種」の持続にあっては、文明・文化の歴史、即ち創造の歴史である。人々はその歴史を教育的資源として「いつでも・どこでも・誰もが」理解の手段を獲得する為の「知ることを学ぶ」。同時に、社会教育に於ける生涯学習の一環として学校教育に於いても、子供は「教科書」だけでなく、一般社会のあらゆる教育的資源から学ぶ権利を有する。

(六) 個人的・集団的技能を発展させる権利

文明・文化は「知」と共に、表現・製作上の能力となる手先等、身体に蓄積される「技能」とがある。しかし、学校教育での「技能」の形成に関しては、「知」の獲得手段同様に問題視されている。特に、スポーツの集団的競技にみられる人間が集団としてのみ発揮できる技能、その既存の教育の在り方が問われている。

学校教育では、「技能」の形成に関して、その「知」に重点が置かれてきたが、「学習権」にあっては体験し・具体的にする「技能」に重点を置く。同時に、「集団的技能」に於いては、協同し・協調する「チームワーク」に於いて「ともに生きる」を学ぶ……そうした学習が今日の「学校教育」に於いては必至となる。

❐学習権利項目（四）の追記

「学ぶ対象」として項目（四）は、今日最も問われるべき、急がれるべき「学習」である。

現在の地球社会は、前述した「地球規模の問題群」を抱えており、放っておくと地球と人類が危機に陥《おちい》り滅亡しかねなく、その対応での人々の参加、あるいは結束が叫ばれている。こうした現状下、歴史観・歴史認識においては大きな歴史的転換期にあるにもかかわらず、「先が見えない時代」に人々は自己意識や歴史意識を喪失《そうしつ》する、といった傾向がみられる。そして「自分は何の為に生まれ、何の為に生きているのか」、人生に失望し自己喪失《そうしつ》による自殺や引き籠もり、その逆の格差・差別問題にみられるテロや犯罪等は大きな問題となってきており、それ故に権利項目（四）は「学習権宣言」に於いて、最も注目される項目となる。

世界の環境問題、その一つ取っても現代日本にいる我々は、自己意識を持った歴史的存在として、それが我々の衣食住の在り方、生活の問題と理解出来る。この様な「社会問題」に対して重要なのは、①歴史上の人類社会（世界）、が成り立つ為に必要な基本的なもの、その発展と②相互依存の関係から対立や矛盾までの展開について一つの体系的な見解、即ち歴史認識・歴史観において「地球規模の問題群」を解明、その解決策を探《さぐ》る。こうした学習が「自分自身の世界を読み取り、歴史を綴る権利」となる。

因《ちな》みに、歴史観には、歴史的発展の根本動因を、①精神的（精神・意識・理念等）なものとみなす観念論的な立場の「唯心史観」②物質的・経済的なものとみなす唯物論的な立場の「唯物史観」、これら二つの対立する史観があることに留意することが肝要となろう。

ところで、戦後の日本の学校教育（小・中・高）に於いて、社会問題を対象にその解決策を探《さぐ》る学習は殆どなされてこなかった。それに、現社会を学ぶ「社会科」の「一般社会」では、社会のきまり・共同生活の規範等、社会生活に必要な「知識」を主に学び、「人文地理」・「歴史」では、主にいちいちの名称や記録等の「知識」を学ぶ。しかし、そうなった筋道やその理由（理解）・その事に対する取り組み方や心構え（態度・技能）を追求・解明する、そうした歴史認識・歴史観を育成する学習は殆どなされない。一方、現社会での「社会の学び方」は、実際の出来事に対する関心や問題意識から、そうなった筋道やその理由（理解）の為に「一般社会」・「人文地理」・「歴史」等を遡《さかのぼ》り、そこから「知」を探し選び、同時に取り組み方や心構え、即ち歴史認識・歴史観に於いて問題の解決を図る（態度・技能）。ところが、その「歴史」一つ取っても、古代から始まる教科書は、現社会での問題とは全く関係がない内容でなされ、生徒の問題意識や関心は、もっぱら入試の科目選択や、記録等の暗記によるテストの点数に向けられる。又、こうした学習が、学力（理解力・応用力）とは全く関係がないことは容易に理解出来よう。

今日、「地球規模（グローバル）の問題群」を抱え、そのローカルでの解決が急がれる。学校教育に於いても、その例外ではなく、「グローバルな時代」として、子供に於いても現代の諸課題に照らして考える「学習権利項目（四）」の学習が求められる。こうした子供の「学習の在り方」は、学習宣言以降、一九八九年「子供の権利条約」に於いて採択《さいたく》される。

❒「民主主義」と「近現代社会の教育目的」

国や地方の大きな方針を決めて実行する政治。そうした政治を題材とする歴史小説等では、人民を憂える「君主の人格」に「正義」を思うことがあっても、絶対君主制では、圧制《あっせい》がなく社会を暮らしやすくする、そうした政治の保証はない。しかし、人民全体の利益をもととし、人民の意思をもとにして政治を行う民主主義では、人民が権力を所有し、権力を自《みずか》ら行使する立場を取る。又、基本的人権・自由権・平等権、あるいは多数決原理・法治主義・三権（立法・司法・行政）分立等が民主主義の主なる属性としてあり、同時にその実現が要請される。

こうした民主主義は、選挙による政府、政府に対する批判・反対を唱《とな》える言論の自由、要求を通す為のデモや集会の自由等、そうした政府と人民の関係だけで決着すべき問題ではない。詰まり、民主主義の根本となる自由・平等・友愛からなる基本的人権は、政府との関係以上に人々（人民）の日常生活を通じた人間関係にある。その基本的人権の侵害は法で禁止されている……とは言え、上下関係を重んじて個人の自由や権利を認めない封建的な生活習慣が横行する事では、基本的人権を共通の価値とする民主国家とは認められない。同時に、そうした人々の多数決による政府に於いては、民主主義の崩壊が懸念される。又、「衣食足りて礼節を知る」の故事《こじ》に倣えば大正デモクラシーの日本や、国民投票によるヒットラーのドイツを軍国主義におとしめる要因となった「失業や無職による国民の生活苦」（不況）にあっては、植民地政策による海外侵略等、そうした軍国主義による専制政治の復活が懸念される。

一方、法の下《もと》での『平等』にある今日の日本、その「学社融合政策」による教育改革では民主主義の発展を図る「教育目的」の「私的個人の『自由』の発展」に対し「多様な世界の中で日本人として、自由で個性的な日本人を目指す」を「学習目標」とする。又、バブル経済の崩壊に対しては、経済復興を念頭に「新しい時代を切り拓《ひら》く心豊かでたくましい日本人を目指す」を「学習目標」に掲《かか》げ、「心豊かでたくましい」は「自他共《とも》に大切にし活力ある自己」、即ち「自己実現（活力ある）」と「相互承認（自他共に大切にする）」による『友愛』を「教育目標」に民主主義の発展を図る。

「学び方」の変革、「教育権」から「学習権」へ

二十世紀からの急激な科学の進歩。その「近代的科学知」による人間社会の創造は、今日、人々の生活領域を一気に地球規模に広げる（グローバルジェネレーション・グローバル化）。

この地球社会は、自給自足生活の効率化を図る分業化（役割分担）、及びその細分化が地球

の隅々に行き渡り、人類が生活必需品等の交換に貨幣を通して生活する「貨幣経済社会」としてある。その市場での需要供給関係となる共同生活は、「相互扶養」「相互依存」の関係にある。こうした人間関係の「世界」にもかかわらず、この地球社会は、放っておくと地球と人類が危機に陥り、滅亡しかねない様な前述の「問題群」があり、地球規模での対策が急がれる。しかし、その地球温暖化等の問題対策が消費を冷やすなど、不況を招き失業・貧困問題を増幅させ、逆に経済の促進が環境問題を悪化させる。

以上の様な一方の問題解決が他の問題を悪化させるという関係は、系統的に細分化され発展してきた「近代的科学知」、あるいはその方向性での対策では解決出来ない問題としてあり、そのことが今日、「先の見えない社会」としてある。同時に、「細分化、進歩・発展（効率）」から「全体的、均衡（バランス）・循環（秩序）」という様に、「知の内容の変化」が求められており、人類の歴史が「創造の歴史」であることを考えれば、その変化には、現在が大きな歴史的転換期にあることが理解出来よう。

更に、今日の教育は、全体的で非系統的な芸術等の「文化的知」とは異なり、系統的に細分化された「近代的科学知」により支えられてきた。同時に教育は、社会制度化（義務教育等）・社会化（一般化）・専門化（細分化）等、「教える機能」に於いて、「近代的科学知」の獲得の手段として発展してきた。しかし、「知の内容の変化」が求められる現在、今日の「教育」もその例外にあるはずもなく、「教えられて学ぶ」、という様な「学び方」が問われる事になる。詰まり、実際の問題からは、未開発地域の近代化、その行き詰まりに対して「開発を教えるのではなく、その未開発から学び、問題を抱《かか》えている人々と、その諸条件を生かす方法で解決する」という「学び方」同様に、学校教育に於いても科学の成果を教科書の知識として覚えさせるのではなく、教師は子供の声を聴き、代弁することから学ぶ「授業づくり」に、自《みずか》ら学び（質問し・吟味し）自《みずか》ら考える（構想し創造する）「子供の学習を支援・補佐する」という教師・子供双方の「相互学習」に於いて、学校教育も「教育権」から「学習権」へ移行する。又、「生涯学習」の理念に基づき「生活全体を通じた学習」での子供の「学習権」に於いては、ユネスコでは一九八九年学校生活における子供にも「知る権利」及び「言論・表現・集会の自由」等、大人と同等の人格として「子供の権利条約」を宣言。子供の「学習権」を認めると同時に、「学習宣言」における「学習の在り方」を、子供の学校教育においても追求することになる。

「教育権」から「学習権」へ……生活全体にわたる学びの在り方を問う、こうした取り組みの最終段階としては、一九九六年、ユネスコの二十一世紀教育国際委員会報告書の「学習――秘められた宝」において、（一）「知ることを学ぶ」・（二）「なすことを学ぶ」・（三）「ともに生きることを学ぶ」・（四）「人間として生きることを学ぶ」の「学習四本柱」が「学習権」の「生活全体をとおした学習」にあてはまる基本法則として提起される。

同時に、子供の「学習権」にあって、その学習の「授業づくり」（教育実施）に「学習プロデューサー」及び「教育研究者」として担う役割は、教師の「学習権」としてある。こうした子供・教師双方の「学習権」からなる「共同による教育」にあっては……児童生徒の誰もが自由に読み書きし「読解力」・「表現力」に磨きをかけることでは他を理解し、己を表現する、即ち「相互承認」に於いては「ともに生きることを学ぶ」。同時に、自由に質問し吟味する、詰まり「自ら学ぶ」ことで「知ることを学ぶ」。そして、「自ら考える」、即ち構想し創造し、自らおかれた環境に「成すことを学ぶ」。更には、教科書以外にもあらゆる教育的資源に接し「知ることを学び」、そうして獲得した「知」や「方法」に於いて、自分自身の世界を読み取り歴史を綴り「人間として生きることを学ぶ」。こうして個人的・集団的技能を発展させることに「供に生きることを学ぶ」。正に！　教師によるこうした「学習四本柱」に基づく「授業づくり」こそが教育改革、新しい学校教育の創造となる。

教師万歳!!

おわりに

資金を集めて大きく商いをする……多量生産・多量流通の手段としての資本、商品化により利益を手にすることを目的とする企業、そうした資本主義の頂点にある一流企業……「一流大学から一流企業へ」、その為の教育投資に在《あ》っては受験競争は経済の問題である。しかし、企業のリストラや倒産が相次いだバブル経済の崩壊後は「新しい時代を切り拓《ひら》く」為の「新しい能力」が求められ、受験競争に見られる教科書による「一律的な能力」ではなく「多様で個性的な能力」の育成が学校教育に於いても必至とされ、日本経済の再生も、そうした「教育」に託される。されど「ビジネス」……私は倒産の経験からその競争の過酷さを身を以て知る事になる。

当社の資金繰りに、割引依頼の手形を一方的に借入金との相殺に充《あ》てられた某都市銀行は論外としても、当社の赤字経営に対し残高維持を口実に一切の借入金を認めない銀行の態度を恨んだが、やがて表に出る不良債権の山に、貸し付けを拒《こば》む銀行の事情を知る。だが、それによる当社の代償は、ノンバンク等に対する資金繰りでの損失（高金利・高手数料・融資斡旋料《あっせんりょう》）、それに融資手形による事故等で多大となり、倒産の大きな要因となる。只、当社でも独身寮やゴルフ会員券等を銀行の勧めるままに借入金で買った事では、バブル経済の正体《しょうたい》を痛感させられるが、利潤の為の土地転がし等の資金が、自己資金や出資によるものでなく、事業の育成を第一の使命とする銀行の借入金で行われた事、そのバブル経済で発生した不良債権の処分に、銀行の資金が技術革新に対する教育・研究開発費等、企業の開発投資になされず、その後の日本経済低迷の原因になった事、又、開発途中の当社のＩＴ部門を引き継ぎ急成長したＣ社を思うと「あの時にこそ、事業資金を貸してくれれば……」という思いに銀行への恨みも募《つの》る。

当社は、出資（株式）保護を優先する当時の厳しい条件に合格、その年の八月には上場を果たし、同時に事業拡大に弾《はず》みを掛けるべき百三十名の新卒を内定。しかし、秋口から憂慮され始めた不況の波、翌年の上半期にはこれまで増大し続けてきたコンピュータのソフト開発の受注が減少に転じる。その為、新入社員の多くを新規事業のゲームやＩＴ関連のソフト開発に向ける。しかし、翌々年にはゲームソフトの売上も振るわず赤字経営に転落。そうして六年目には、約七百名の給料を巡る毎月の資金調達に追われるまでに……ソフト開発費の殆どが人件費の当社では、その調達に一時の猶予も許されるはずもなく、そうした融資先を追っては東南アジアまでも……政変で失脚、その後死亡したＡ氏の莫大な日本の銀行預金にまつわる融資の斡旋では、某都市銀行のＡ氏の預かり金額の証明書を根拠に、元銀行員と称する斡旋人の二人と出張、彼等を立会人に国家議員でもあるＡ氏の夫人（Ａ夫人）との面会を果たす。その報酬に斡旋料の一部を手渡すが、帰国後は彼等とは連絡が取れなくなる。さても冷静であればＡ氏の預金は、政変後の新政府が日本政府にその引き渡しを要請、その為に凍結されている事ぐらいは、少し調べれば分かることだった。彼等は、現地の病院建設を日本の当社との合弁で行う事で、預金の一部を解除される、とA夫人に働きかけていた様で、こうした事でA夫人からも手数料等を受けていたとすれば、当社も一役買った事になる。この様に、銀行以外での融資は海千山千との戦いである。やがて倒産に便乗し逸早《いちはや》く、より多くの売掛金等を差し押さえる事を目的とした融資までに至る。

こうした取り立て等、倒産の混乱を避けるには、手形・小切手等の不渡りを出す前に、債権者と債務者が相談して取る強制的な措置、和議（破産を予防する目的）の早急な申請が必至。只、その為には多大な弁護士費用の支払いが先決となる……。

さて、当社の依頼先、大手の弁護士事務所では、同業他社による従業員毎の買収、という方法に一人の失業者も出すことなく、又、債権者への高配当も果たす。こうした当社の措置は、後々の破産処理のモデルとなった、と伝え聞く。

一件落着、とは言え、当社の全ての借入金等の個人保証をしている私は、最後の融資先の監視下にあっては個人破産もままならず、そのままでは不良債権買取機構（一部銀行の借入金及びリース料の残金等）からの支払い請求にその時効をひたすら待つ身となる。只、銀行の担保に親の家を失くし、兄姉や親戚から返すことも出来ない多大な借金を思うと……銀行からの融資が止まった時点で当社による事業の継続を諦めるべきであつた。そうした先に立《た》たない後悔に苛《さいな》まれる。

さて、先見性にあって起業を可能にしたとは言え、ソフト開発等の情報処理産業は、私の様な脱サラによる独立系（大企業系列に対する）の創業は雨後《うご》の筍《たけのこ》の如く相次《あいつ》ぐ。しかし、当社が上場する頃には、その殆どは淘汰《とうた》あるいは少数技術者の派遣業（零細企業）に留《と》め置かれ、十社程が中堅企業として成功を収めるも、ここからが生き残りを掛けた本格的な競争に……技術革新への対応の遅れ、不況による業績悪化、あるいはリストラによる合併・系列化等、やがて倒産や失業といった経済問題を推し進めながら、現金を巡《めぐ》る海千山千の世界が繰《く》り広《ひろ》げられる。

❏「相互依存と競合の世界市場」

自給自足生活に対する生活の分業化（役割分担）、そうした生活必需品等の需要供給関係による共同生活が世界に広がった現在、人類全体が「相互依存」・「相互扶養」の関係にあることは、「地球温暖化問題」その一つ取っても、それが衣食住の在り方に関わる世界市場の問題であり、この問題の対応が我々日本だけでなく、地球規模で行わなければならない事など、人類全体が「相互依存」の関係にあることは、今日ではより明確に認識されつつある。

こうしたグローバルジェネレーションでの「相互依存」に対する矛盾や対立の関係は、商品化による利益（貨幣）追求を目的とした「貨幣経済」での多量生産が及ぼす世界市場での自由な供給競争（資本主義・自由主義）が生む経済問題（倒産・失業・貧富格差・地域格差・南北問題等）、あるいは資源枯渇問題、地球温暖化等の環境破壊問題があり、放っておくと地球と人類が危機に陥《おちい》り滅亡しかねない問題となってきている。

この「貨幣経済・市場経済」に対して、「各人は必要に応じ・能力に応じて働き、必要に応じて取る」の理念を掲《かか》げ、生活必需品等、物の平等な配給に於いて、その全体の製品・生産量を国が指導する「物の経済・計画経済」の共産主義・共同主義がある。そのソ連の経済は、共同主義にあらずして、上からの命令で動く官僚主義になっては、「働いても働かなくても同じ給料（貨幣）」という、物的公平とは裏腹な不公平な問題、それに競争がされないことで「生産性の低下」や「開発の低下」を招く。又、貨幣の流通（買う自由）と生活必需品の配給との矛盾等、こうして「計画経済」は崩壊する。

そのソ連の解体後は、ロシア等の市場経済への移行。あるいは中国共産党による競争原理や効率主義の導入からなる海外からの投資・企業誘致等の資本主義政策による中国経済の急成長に「市場経済（貨幣経済）」は「世界経済（世界市場）」として発展する。

市場経済では物やサービス等、その供給側（職業）において、人々は所得（貨幣）を得ることで自立する。その貨幣は個々の細胞の役割の全体としてある人間、その血液に譬えられ個々の役割（職業）に満遍無《まんべんな》く行き渡り循環することで社会秩序が生成するとされる。その発展は、従来では「富国」として、国民所得の増大による国民生活の向上にある。又、その発展は物やサービス等の供給側での個々の「自由な競争」にあるとされる（市場原理主義・資本主義・自由主義）。ところで、今日の世界市場は、国民国家の枠組みを超えた個々の企業や職業での激しい競争に基づいてある。しかし、国内企業の海外進出等の海外投資、あるいは個人に於いても、他国で働き稼ぐことでは人材の国外流出となり、国民国家経済の発展とは矛盾する。

こうした矛盾は、人々が市場で個人の発展の為に生活する市民と、郷土や国家発展の為に協同する公民との矛盾を抱《かか》えたものとして存在していることが示されており、前述の近現代の教育目的が、そうした私的個人と社会的個人との矛盾を克服しようとする理性の形成にあるとされるが、同様なことが国民国家経済と世界経済との矛盾に於いても問われることになる。

今日の日本は、急速な高齢化・少子化社会に向かって国内市場の縮小↓投資の減少↓労働市場の縮小という循環での貧困化に於いて、国民国家経済の衰退という経済シナリオが予測される。又、高度経済成長が可能にしたとは言え、資本主義の部分的な改革（修正資本主義）となる福祉政策等、その「年金」や「医療保険」を支える労働人口の減少では、社会保障制度の崩壊による生活不安がある。こうした問題の活路は①女性に対する家庭からの社会進出及び出生率の引き上げ、②国際競争力の強化等に託される。政策①では、出産後も働く為の「働き方改革」や「託児所の充実」及び「子供手当の支給」等が挙げられる。②に於いては、「教育・研究開発への投資（人材の開発）に対する補助金・減税」、「設備投資に対する減税」、「海外等、国内投資の規制緩和等の優遇」が国民国家経済の元に挙げられる。

以上の様な、資本主義社会（貨幣経済・市場経済）でのグローバル化をめぐる様々な立場は、今日、大きな思想（社会の在り方）の枠組みとして、主に十八世紀の「自由主義」と、十九世紀の「共同体主義」に、その思想的なルーツを持って再び議論されている。

「教育から出直そう」……倒産の後悔に苛《さいな》まれ救いを仏教にすがりたく、学生時代の親友、カツト（克人）の冥福を祈り、意味も知らずにひたすら唱え続けた「般若心経」、その漢訳に仏教を学ぶ。そこには「冥福」を願う言葉は一切なく、逆に「この世の幸福」を祈る教えの「色《しき》即是空《そくぜくう》」では、テレビ番組（内容）の様に心を過ぎていくだけで、あらゆる存在に実体がないこと、即ち「皆空」を教えられつつ、逆の「空即是色《くうそくぜしき》」にそうした色（物事）にとらわれない「空の境地（悟《さと》り）」に到達しよう、と諭《さと》されながら暫く、やがて連れ合いを始め、周《まわ》りの人達に支えられ落ち着きを取り戻す。そんな矢先の小泉総理の「教育から出直そう……」という所信表明に教育の重大さを思い、平成の教育改革に「教育とは何か」を学ぶ。その「近現代の人格の完成」を目的とする「教育」……そこには「希望」がある。

時代は令和へ……アメリカによる戦後教育の総決算として始まった日本の教育改革。その「ゆとり教育」から暫く……令和の教育がどの様にあるのか？　その現状及び教育改革を見極めるにあたり、又、「地球的規模の問題群」や日本国経済がどの様な状況・情勢にあるのか？問題を探《さぐ》りながら、コッケの学習は続く。

山岡　言志（やまおか　ことし）

昭和43年３月　愛知大学文学部社会科卒業
昭和45年３月　小型コンピュータの代理店に入社
昭和46年５月　コンピュータのソフト開発会社設立　代表取締役
平成４年８月　設立会社を上場　代表取締役
平成９年４月　上場会社の破産　代表取締役

コッケの学習

2024年12月19日　初版第１刷発行

著　　者　山岡言志
発 行 者　中田典昭
発 行 所　東京図書出版
発行発売　株式会社 リフレ出版
〒112-0001　東京都文京区白山 5-4-1-2F
電話（03）6772-7906　FAX 0120-41-8080
印　　刷　株式会社 ブレイン

ISBN978-4-86641-813-1 C0095
Printed in Japan 2024